Staatliche Museen zu Berlin
Sammlungskataloge der Kunstbibliothek
Herausgegeben von
Bernd Evers

Varieté und Revue

Der Kostümbildner und Kostümsammler
William Budzinski
1875–1950

herausgegeben von
Adelheid Rasche

mit Beiträgen von
Heike Stange
Gesine Schulz-Berlekamp

S | M
P | K

Kunstbibliothek

Sammlungskataloge der Kunstbibliothek
Lipperheidesche Kostümbibliothek

Katalog zur gemeinsamen Ausstellung
der Kunstbibliothek, des Kunstgewerbemuseums
und des Museums für Volkskunde
der Staatlichen Museen zu Berlin

Konzeption und Aufbau:
Adelheid Rasche, Heike Stange
Mitarbeit:
Waltraud Berner-Laschinski, Salwa Joram
Staatliche Museen zu Berlin
Kunstbibliothek
16. März bis 2. Mai 1999

Fotos: Ute Franz-Scarciglia, Dietmar Katz,
Saturia Linke – Berlin
Restauratorische Betreuung:
Waltraud Berner-Laschinski, Martina Dreykluft,
Kerstin Flemming, Christiane Grafe, Mario Gräfe,
Salwa Joram, Christa Kardorf, Barbara Kober,
Halina Fischer, Irina Seekamp,
Erika Weigel, Jeannette Wipf-Öz
Ausstellungsaufbau:
Uwe Hirsch, Hans Pietsch, Bettina Scherz,
Thomas Schreiber, Ingo Valls
Kataloggestaltung: Ellen Senst

Abbildung auf dem Umschlag:
La fontange 1928, Kat. 32 b

Frontispiz:
Portrait William Budzinski 1906,
Fotografie von Otto Becker & Maass, Berlin
Kat. Nr. 143

© 1999 Staatliche Museen zu Berlin Preußischer Kulturbesitz
Gesamtherstellung: Druckerei H. Rauscher, Berlin
ISBN 3-88 609-202-x
Printed in Germany

Inhalt

Vorwort 7
Bernd Evers

"Er zog Sterne an"
Der Kostümbildner William Budzinski 9
Heike Stange

"Kostüme und Kostümzubehör"
Die Sammlung Budzinski 35
Gesine Schulz-Berlekamp

Verzeichnis 51

Quellen- und Literaturliste 129

Namensregister 131

Vorwort

In der Ausstellung "Varieté und Revue. Der Kostümbildner und Kostümsammler William Budzinski" hebt sich der Vorhang auf eine pompöse und glitzernde Bühnenwelt voll Glanz aber auch der Perfektion. Bekannte und weniger bekannte Bühnenkünstler und Artisten treten ins Scheinwerferlicht und erinnern an die Zeit der Varietétheater, die seit der Jahrhundertwende vor allem in Berlin eine breite gesellschaftliche Anerkennung fanden. Die artistischen Vorstellungen und die rauschhaften Revuen waren fester Bestandteil des großstädtischen Vergnügungsbetriebs, die Artistik und die Revue zu einer anerkannten Form der populären Unterhaltung aufgestiegen und deren Repräsentanten umjubelte Stars.
Der Ausstattung der Revuen und Varietédarbietungen mit prächtigen Kostümen und aufwendigen Dekorationen beanspruchte besondere Aufmerksamkeit, so daß sich rasch ein Berufszweig des freien Kostümbildners entwickelte, der von dem Kostümbildner und -sammler William Budzinski entscheidend geprägt wurde. Mit seinen "Luxus-Werkstätten Pruschinski" bediente Budzinski zahlreiche Artisten und vor allem Artistinnen mit individuell gefertigten Kostümen. Erst die Weltwirtschaftskrise Ende der zwanziger Jahre und die zunehmende, heute selbstverständliche Ausstattungspraxis durch die Theater selbst, führten zum Niedergang der selbständig arbeitenden Ausstattungsbranche. Auch der überaus erfolgreiche William Budzinski mußte das Kostümatelier Pruschinski aufgeben und seine Kostüm- und Hausratsammlung an das Kunstgewerbemuseum, seine Entwürfe, einzelne Bücher und Fotografien an die Kunstbibliothek veräußern. So kann diese Ausstellung erstmals eine Auswahl seiner Entwurfszeichnungen für Varieté- und Revuekostüme präsentieren und einen Ausschnitt seiner kriegsbedingt stark dezimierten Kostümsammlung, die ursprünglich rund 3000 Objekte zählte und Kleidung, Kostüme, Dessous und Accessoires umfaßte. Einzelne Kostüme, Hüte und vor allem seine Ankaufsbücher, die als eine aufschlußreiche kulturhistorische Quelle zur Theater- und Modegeschichte gelten dürfen, befinden sich heute im Kunstgewerbemuseum, der größere Teil seiner privaten Kostüm- und Hausratsammlung im Museum für Volkskunde.

Die Ausstellung basiert auf der Erfassung des zeichnerischen Nachlasses von William Budzinski in der Kunstbibliothek. Dank einer großzügigen Zuwendung der Ludwig Sievers Stiftung, die die wissenschaftliche Forschung über Wesen und Bedeutung der freien Berufe unterstützt und fördert, konnte Frau Heike Stange den rund 900 Blätter zählenden Nachlaß sichten und erstmals systematisch beschreiben. Deshalb gilt ein herzlicher Dank der Ludwig Sievers Stiftung für die unbürokratische Bereitschaft, einen bisher nicht bearbeiteten Bestand in der Lipperheideschen Kostümbibliothek erschließen zu können und Heike Stange, die über die formale Erfassung und Beschreibung hinaus eine gründliche Aufarbeitung aller bisher bekannten Dokumente und künstlerischen Arbeiten William Budzinskis geleistet hat. Dabei hat sie neue Einsichten zum Berufsbild des freien Kostümbildners gewonnen und auf seine Bedeutung im Kontext der Theatergeschichte im ersten Drittel unseres Jahrhunderts aufmerksam gemacht. Daß sich einzelne Kostüme in einem so noblen ausstellungswürdigen Zustand präsentieren können, verdanken wir der Firma Böwe in Augsburg, vor allem Herrn Manfred Zott, Chemiker in der anwendungstechnischen Abteilung, der eine erfolgreiche chemische Reinigung in einem umweltschonenden Verfahren entwickelt hat.

Bereits in der Vergangenheit haben wir bei der Durchführung von Ausstellungen mit anderen Einrichtungen der Staatlichen Museen zu Berlin und der Stiftung Preußischer Kulturbesitz zusammengearbeitet. Bei dieser Ausstellung haben wir dem Kunstgewerbemuseum, aus dem die Kunstbibliothek vor über 100 Jahren herausgewachsen ist, und dem Museum für Volkskunde für das kollegiale Zusammenwirken zu danken, ebenso der Hauptverwaltung der Stiftung Preußischer Kulturbesitz für eine großzügig gewährte finanzielle Unterstützung zur Drucklegung des Katalogs. Nicht zuletzt danken wir allen an der Ausstellung Beteiligten für ihre engagierte Mitarbeit, insbesondere der Leiterin der Lipperheideschen Kostümbibliothek, Frau Adelheid Rasche, die das Ausstellungsprojekt koordinierend begleitet hat.

Bernd Evers

"Er zog Sterne an"
Der Kostümbildner William Budzinski

Wer war William Budzinski? Das war die erstaunte Reaktion, der ich seit meiner Auseinandersetzung mit William Budzinski immer wieder begegnete. Kaum 50 Jahre sind nach seinem Tod vergangen und nicht einmal seine Lebensdaten sind geläufig oder einfach nachzuschlagen. Die Ursachen sind vielfältig.

William Budzinski war Kostümbildner, ein Kostümbildner solcher Eigenständigkeit, daß er durch alle Raster der gängigen Forschung fällt. Er arbeitete weder direkt noch fest an einem Theater, seine Tätigkeit war nicht allein künstlerisch, sondern gleichermaßen kommerziell. Er zeichnete Kostüme für Ausstattungsfirmen, und seit 1912 leitete er sein eigenes Geschäft, die Luxuswerkstätten Pruschinski. Soweit Programmhefte aus dem ersten Drittel dieses Jahrhunderts überhaupt vorhanden sind, fehlt sein Name. Waren seine Auftraggeber die Künstlerinnen selbst – vor allem den weiblichen Mitgliedern der Bühnen oblag bis 1919 generell die eigene Kostümbeschaffung –, dann waren die Kostümbildner nicht genannt. Ferner arbeiteten seine Werkstätten auf dem Unterhaltungssektor, einem als Forschungsfeld gering geschätzten und vernachlässigten Bereich. Doch auch das Genre selbst zeichnet sich bis heute durch eine außerordentliche Kurzlebigkeit aus. Indem Varietés und Revuen vordergründig gesehen die Schaulust des Publikums bedienen, setzen sie Trends und gleichzeitig unterliegen sie dem Tempo der wechselnden Moden. Bis auf wenige Ausnahmen sind nicht einmal mehr die von Budzinski eingekleideten, damals jedoch populären Stars und Sternchen bekannt. Auch seine individuellen Tanz- und Festkleider für die oberen gesellschaftlichen Kreise sind vergessen, denn in der Modebranche im engeren Sinne war er auch nicht heimisch. Leider sind nur wenige Informationen über sein Geschäft zu erfahren. Weder können Fotografien seine Geschäftsräume dokumentieren noch liegen detaillierte Angaben über den wirtschaftlichen Geschäftsverlauf vor.

Glücklicherweise haben sich Teile von William Budzinskis Kostümsammlung sowie ein umfangreicher Bestand seiner Kostümentwürfe und Fotografien seiner Kostüme im Museum für Volkskunde und Kunstgewerbemuseum bzw.

in der Kunstbibliothek (Lipperheidesche Kostümbibliothek) erhalten. Erstmals seit ihrem Erwerb in den dreißiger Jahren können die Sammlungen nun in einer Ausstellung und einem Katalog monographisch zusammengeführt und präsentiert werden. So entsteht ein Portrait William Budzinskis und seiner Leistungen als Kostümbildner und Kostümsammler, der sich zwischen Kunst und Kommerz zu behaupten suchte und wußte.

Ausbildung

William Budzinski wurde am 20. Februar 1875 in Berlin geboren. Sein Vater Alfred war Viehhändler in Posen, bevor er in den frühen 1870er Jahren nach Berlin kam. Seine Mutter Emma, geborene Gross, zog vier Kinder groß, die drei Brüder Benno, William und Alfred sowie ihre Schwester Melanie. William Budzinski besuchte das Sophienrealgymnasium und danach einige Semester eine Kunstschule, wie er im September 1937 in einem Fragebogen der Reichskulturkammer salopp angab. Es ist nicht zu klären, ob es sich um die Königliche Kunstschule oder eine der zahlreichen neu gegründeten Gewerbeschulen handelte. Alle diese Schulen strebten eine bessere Ausbildung in Zeichnen und Malen an, um das Niveau von Kunst und Handwerk zu heben. Zu einer Zeit, als der Beruf des Kostümbildners im heutigen Sinne noch nicht existierte, und Dichter, Maler, Architekten, Schneider, Bühnenbildner oder Vertreter anderer Berufsgruppen dessen Aufgaben übernahmen, erhielt William Budzinski an einer dieser Schulen Unterricht im Zeichnen von Figurinen nach Modellen, von Kostümen nach Lehrbüchern, studierte Vorbilder in Museen oder Fotografien. Er lernte künstlerisches und technisches Zeichnen, erwarb aber auch historisches Wissen über Stil, Technik, Material und künstlerische Methoden. Weitergehende Kenntnisse über das Theater und Theaterkostüme mußte er autodidaktisch erwerben.

Die Ausstattungsfirma Hugo Baruch & Co.

Der Einstieg ins Berufsleben gelang William Budzinski, als ihn Ende letzten Jahrhunderts die Kostümfirma Hugo Baruch als Figurinenzeichner engagierte, wie damals Kostümbildner genannt wurden. Die Firma Baruch, ursprünglich aus Köln nach Berlin gekommen, führte zu dieser Zeit bereits ein großes und renommiertes Ausstattungsunternehmen mit Sitz in Berlin und seit 1895 auch mit einer Filiale in London. Nach anfänglichen Aktivi-

Abb. 1 William Budzinski 1893, Kat. 142

täten bei Festumzügen verlagerte sie ihre Tätigkeiten auf den Theatersektor. Sie lieferten komplette Theatereinrichtungen, Dekorationen, Requisiten, Möbel und selbstverständlich auch Kostüme. Hofbühnen und städtische Theater des In- und Auslandes waren ihre Kunden, und ihre Umsätze beliefen sich auf 1,5 bis zwei Millionen Mark jährlich.
Die Baruchs, der Gründer Hugo Baruch und seine Söhne Richard, Bruno und Erwin, waren Kaufleute und hegten selbst keine künstlerischen Ambitionen. Ihr Markenzeichen war nicht ein spezifischer künstlerischer Stil, sondern der Name Baruch stand, wie Edith Ibscher in der ersten Untersuchung zu Theaterateliers im deutschen Sprachraum[1] festhielt, für perfekte handwerkliche Realisierung und die Verbindung unterschiedlicher Werkstätten, in denen Kostümzuschneider und -schneider, Waffenschmiede, Rüstmeister, Hut- und

Lederarbeiter kooperierten. Im Laufe der Jahre kamen noch andere Berufe wie Dekorationsmaler, Tischler und Techniker hinzu. Baruch publizierte illustrierte Kataloge mit Uniformen und Waffen, in denen am Rande auch Hüte und Schuhe vorkamen. Neben weiteren Katalogen aus der Möbel- und Kostümabteilung boten sie auch Mappen mit Fotografien zu Theatermöbeln und Dekorationen an. Die Herstellung der Kostüme war sehr spezialisiert: Zum einen gab es einen Fundus, der Kostüme klassischer Rollen bereithielt, zum anderen waren standardisierte klassische Kostüme im Repertoire, die nach den Rollen- und Größenangaben von Kunden schnell herzustellen waren. Historische Kostüme und Nationaltrachten wurden in Lehrbüchern oder Museen studiert und nach Originalen angefertigt. Für die Opern- und Operettenkostüme waren die Figurinen erster Wiener und Pariser Künstler maßgeblich, Berliner und Londoner[2] Kostümzeichner entwarfen Ballettausstattungen und Fantasiekostüme.

Im Baruch-Katalog von 1899 werden diese Genres differenziert. Besonders pries man den Unterhaltungssektor: "Als Vorlagen für Fantasie-Kostüme dienen uns Bilder unserer eigenen hiesigen Künstler, sowie der Costümmaler unseres Londoner Hauses. Figurinen legen wir zur Einsichtnahme vor, doch ist der Versand von Bildern ausgeschlossen." Das waren keine Entwürfe "von der Stange"[3], sondern Modelle, für die Kostümzeichner verantwortlich zeichneten. Einer dieser Kostümbildner war William Budzinski. Von ihm sind laut Ibscher die frühesten Entwürfe des Ateliers Baruch erhalten.[4] Sie kennt seine Figurinenentwürfe der Königin der Nacht aus Mozarts *Zauberflöte* und des Rautendelein aus Hauptmanns *Die versunkene Glocke* aus der Sammlung Niessen und ordnet ihn daher den Kostümbildnern des klassischen Genres zu. Aber schon zu diesem Zeitpunkt entwarf er Kostüme für Ballette, wie er selbst sein Spezialgebiet bei Baruch charakterisierte. In der Theaterwissenschaftlichen Sammlung der Universität zu Köln, Institut für Theater-, Film- und Fernsehwissenschaft sind weitere frühe Entwürfe erhalten, die das bestätigen.[5] Dennoch versuchte sich William Budzinski auch in dem klassischen Genre. Er entwarf einzelne Trachten und Kostüme zu Opern: zweimal die Sieglinde aus Wagners *Walküre*, eine Bäuerin aus Aubers/Scribes *Fra Diavolo* und Lola aus Mascagnis *Cavalleria rusticana*. Ein Entwurf zeigt ein Kostüm für Klärchen aus Goethes *Egmont* und ein weiteres, nicht näher bestimmtes Prinzenkostüm. Der größte erhaltene Teil seiner frühen Arbeiten präsentiert jedoch Ballette: 7 Entwürfe für ein Herrenballett, zehn Entwürfe für ein Frauenballett in Uniformen.

Diese Blätter für die Firma Baruch sind kurz vor die Jahrhundertwende zu datieren. Zum einen sind sie auf deren Karton gezeichnet, zum anderen verweist der Stempel auf Niederlassungen in Berlin und London. Da die Filiale in London mindestens seit 1895 existierte – ab 1900 kam eine weitere Filiale in New York hinzu –, ist der Entstehungszeitraum der Zeichnungen auf die Jahre 1895 bis 1899 einzugrenzen. Auch Budzinskis Zeichenstil deutet auf diese frühe Zeit hin. Die weiblichen Figuren sind mit stark übertriebenen Proportionen gezeichnet, was dem zeitgenössischen Frauenbild und der Mode entsprach. Seine Ballettentwürfe weisen bereits einen Hang zur Komik und zur Ironie auf. Nicht nur im Kleidertausch der Geschlechter – das Herrenballett trägt Frauenkleider und das Damenballett militärische Kluft – tritt das komische Element hervor, sondern besonders in den liebevollen Ausführungen der Details, die das gesamte Kostüm bis hin zur Karikatur kommentieren. Dagegen bleiben seine klassischen Entwürfe trotz der sorgfältigen Ausführung von Kostümmustern ein wenig blaß. Ihnen fehlt die Ausstrahlung und die Fantasie der Ballettentwürfe, der Kick sozusagen.
Die Firma Hugo Baruch arbeitete nicht nur für einzelne Künstler, sie stattete auch vollständige Theateraufführungen aus. Am Metropol-Theater, das als Aktiengesellschaft betrieben wurde, war sie sogar Teilhaberin. Allerdings zahlte sie nicht direkt, sondern brachte ihre Anteile in Form von Kostümen und Dekorationen ein, wodurch sie sich das Monopol auf die Ausstattungen sicherte. In den Programmzetteln ist bis auf wenige Kostüme der Solistinnen, die von führenden Modeateliers Berlins eingekleidet und auf diese Weise als Mannequins genutzt wurden, immer das Atelier Hugo Baruch als Verantwortlicher angegeben. Die Kostümzeichner selbst blieben anonym, so wenig künstlerische Anerkennung kam ihnen von Theater- und Atelierseite zu.
Wieviel Budzinski für das Metropol-Theater entworfen hat, bleibt spekulativ. Nachweislich entwarf er ein Kostüm für Frid-Frid, die mit bürgerlichem Namen Frida Dähn hieß. Sie wirkte etwa von 1898 bis 1904 als lokaler Star am Metropol-Theater. Aus Dank für ein Kostüm widmete sie ihm ein Rollenportrait als Commère. Die Commère war in der Jahresrevue die weibliche Gestalt, die die losen Szenen miteinander verband und kommentierte.[6]
Analog zu fehlenden präzisen Angaben über seine Arbeiten für das Metropol-Theater ist auch nicht zu ermitteln, wie lange Budzinski für Baruch tätig war.

Pauline Hallmann

Parallel zur Tätigkeit für die Firma Baruch arbeitete Budzinski auch mit Pauline Hallmann zusammen. Laut einer Anzeige im *Internationalen Artisten-Almanach* von 1906/7 war sie "Costümière und Ober-Garderobière des Berliner Apollo-Theaters". Ihre Spezialität war die Anfertigung von Damenkostümen aller Nationalitäten, Soubretten- und Chansonetten-Kostüme, Ballkleider und Ballettkostüme. Sie fertigte Kostüme nach Budzinskis Kostümfigurinen an, wie ihre Zusammenarbeit in den Programmzetteln zu *Lysistrata* und *Prinzess Rosine* notiert ist.

Lysistrata ist eine Ausstattungsoperette von Paul Lincke und seinem Librettisten Heinz Bolten-Bäckers, die am 1. April 1902 uraufgeführt wurde. Die Exposition fußt auf Aristophanes gleichnamiger Komödie. Sie thematisiert die sexuelle Verweigerung aller Frauen Athens und Spartas, die den Krieg zwischen den beiden Städten auf diese Weise zu beenden gedenken. In der Ausstattungsoperette tritt das Thema in den Hintergrund, die eigentlichen Verwicklungen basieren nur auf dem individuellen Glücksstreben der Protagonisten. Obwohl so jeglicher direkter politischer Ambitionen enthoben, werden kurioserweise genau dadurch die öffentlichen Angelegenheiten, der Krieg und seine Verhinderung, ins Lächerliche gezogen. Die Kritik war dem Stück nach der Premiere nicht allzu geneigt. Aber sie hob immer die Ausstattung hervor, auch wenn sie weder die Firmen noch die Kostümentwerfer erwähnten. Der Kritiker Bitter lobt in *Das kleine Journal* sowohl die Kostüme als auch die Dekorationen als "feenhafte", in der "eine Pracht und Mannigfaltigkeit entfaltet" wird. Ein anderer betont im *Berliner Lokalanzeiger* die Ausstattung und die Befriedigung der Schaulust des Publikums als explizite Intention des Apollo-Theaters: "Der Vorwand, recht viele junge Damen in den prächtigsten griechischen Costümen aufmarschieren zu lassen, ist gegeben, und die Apollo-Bühne kann ihren Zauber entfalten."

Das zweite Stück *Prinzess Rosine*, an dem Pauline Hallmann und William Budzinski zusammenarbeiteten, komponierte ebenfalls Paul Lincke, das Libretto ist anonym. Uraufgeführt wurde es am 18. November 1905. Es handelt sich um eine Burleske mit Lokalkolorit, in der zwei Berliner Kanalisationsarbeiter zur Muße und zum Genusse in das Schlaraffenland flüchten. Sartorius, ein zeitgenössischer Kritiker, führte den Erfolg zu gleichen Anteilen auf den Komponisten Paul Lincke, die komischen Schauspielerinnen und Schauspieler sowie die Ausstattungskünstler des Hauses zurück. Auch hier werden keine Namen genannt.

Diese Operetten bestritten den wichtigsten Teil eines Abends und waren von einem mehrnummerigen Varietéprogramm, auch Spezialitätenprogramm genannt, umrahmt. Die Artisten traten in Kostümen auf, deren Stil manchmal gelobt oder getadelt wurde, aber von deren Produzenten nichts bekannt ist. Diejenigen Kritiker von damals, die solche Aufführungen besuchten, schienen für die Ausstattung empfänglich zu sein.

Auf die Zusammenarbeit von Pauline Hallmann und William Budzinski verweisen außerdem Kostüme aus Budzinskis Kostümsammlung. Das Ankaufsbuch verzeichnet insgesamt 17 Kleidungsstücke aus Hallmanns Besitz. Das ein oder andere dürfte auch von ihr gefertigt sein, da die meisten Kostüme von 1890 bis 1905 datiert sind. Sie übergab ihm Festkleider, Röcke, Blusen, Schürzen, Hüte, Ballschuhe, Handschuhe und auch einen Sonnenschirm. Heute noch erhalten ist eine Theaterhaube aus elfenbeinfarbigem Gazechiffon um 1900.[7]

Andere Auftraggeber

Außerdem datieren aus der Zeit bis 1910 bereits erste Entwürfe William Budzinskis, die er als freier Mitarbeiter für die Firma Bruno Pruschinski fertigte. Pruschinskis Fähigkeiten beruhten auf kaufmännischen Kenntnissen und vor allem sehr guten Kontakten zur Artistenwelt. Deshalb sah er sich schon bald nach Gründung der Firma 1901 nach geeigneten Kostümmalern oder Kostümfigurinenzeichnern um. So lernte er auch William Budzinski kennen und engagierte ihn, der genaue Zeitpunkt ist unbekannt. Budzinski zeichnete seine Entwürfe auf Kartons der Firma Bruno Pruschinski, manchmal gab er zusätzlich mit der Angabe Marienstraße 29 seine Privatadresse an. 21 Entwürfe stammen aus dieser Anfangsphase, und auch einige Fotografien haben sich erhalten, die die von ihm eingekleideten Artistinnen in ihren Kostümen zeigen. Viele heute bereits vergessene, um die Jahrhundertwende jedoch populäre Varietéstars wie Saharet, La belle Otéro, La Tortajada, Los Floridos und All'Aida trugen seine Soubretten- und Tanzkostüme. Zwei Kostüme lieferte er sogar nach Paris.

Ferner deuten zwei Fotografien auf weitere Auftraggeber neben Baruch und Pruschinski hin. Auf einem ist eine Haifischgruppe zu sehen mit dem Hinweis auf das Stück *König Aqua*, das im Apollo-Theater aufgeführt wurde.[8] Dabei handelte es sich um eine Ausstattungsburleske von Max Nowack und Leo Herzberg, die Musik stammte von Reinhold Ehrke. Der *Artist*, das Zentralorgan der Zirkus-, Varieté-Bühnen, reisenden Kapellen und Ensembles, beschrieb die Kostüme euphorisch, "die Ballet-Costüme sind famos, in erster Linie die Haifische"

(10. November 1901). Die zweite Fotografie zeigt Frau Kapp in einem Soubrettenkostüm.[9] Sie war Tanzsängerin am Passage-Theater, neben Wintergarten und Apollo-Theater das dritte internationale Unterhaltungstheater Berlins.

Auch wenn allein diese wenigen Arbeiten wegen der unzureichenden Quellenlage genau beschrieben werden können, ist davon auszugehen, daß seine Leistungen weitaus umfangreicher waren. Alle Indizien aus dieser frühen Zeit deuten darauf hin, daß William Budzinski in der Unterhaltungsbranche ein weites Betätigungsfeld fand. Er arbeitete für die wichtigen Bühnen im Zentrum Berlins wie das Apollo-Theater (Friedrichstraße), das Metropol-Theater (Behrenstraße) und das Passage-Theater (Unter den Linden) sowie für viele freie Sängerinnen. Er selbst erwähnte außerdem noch Ballette für die Königliche Oper.

Die soziale Situation des Kostümbildners

Der Beruf des Kostümbildners war zu Beginn des Jahrhunderts noch nicht etabliert. Im Gegensatz zu den Kostümfirmen, die kaufmännisch orientiert waren, verschwanden Leistungen von Kostümmalern in Programmheften hinter den Firmennamen. Ausnahmen waren wenige Kostümbildner, die direkt an den Theater arbeiteten. Als Beschäftigte der Ausstattungsfirmen waren Kostümbildner wirklich nur Figurinenzeichner. Die Firmen beschäftigten sie je nach Auftragslage, und die Kostümmaler mußten sich als Selbständige behaupten. Wenn Ibscher also eine Festanstellung konstatiert[10], ist dies anzuzweifeln. Sie kann höchstens in Abgrenzung zu privilegierten Kostümbildnern wie Ernst Stern gemeint sein, der, von den Reinhardt-Bühnen kommend, als Auftraggeber die Zusammenarbeit mit der Firma Baruch suchte, deren Flexibilität er schätzte. Eine Festanstellung mit regulärer Arbeit, Gehalt und Sozialabgaben lag bei William Budzinski sicherlich nicht vor. Als Kostümzeichner stand er zum Beispiel der Berufsgruppe der Schneiderinnen nahe, die je nach Bedarf eingestellt und entlassen wurden.

Der Bericht *Kulissenzauber* des Journalisten Paul Höcker bestätigt dies.[11] Während einer Besichtigung des Theaterateliers Verch & Flothow zeigt er sich beeindruckt von einem leider namenlos gebliebenen Figurinenzeichner, was ein weiteres Indiz für seine Austauschbarkeit ist. Unter seiner Anleitung arbeiteten die Schneiderinnen. In einem Anprobezimmer nahm er sich der Wünsche der Auftraggeberin an. Höcker schwärmt geradezu von dem "Figurinenzeichner, dessen unerschöpfliche Phantasie [er] schon beim Durchblättern seiner tausend

Abb. 2   Haifischgruppe, Kat. 146

Nummern enthaltenden Skizzenmappen bewundert habe."[12] Er erwähnt auch die hohe Fluktuation der Kostümbildner. Die zunehmende Professionalisierung dieser Branche reißt ihn zu dem überschwenglichen Ausruf hin: "Was für eine gewaltige Industrie hat die moderne Bühnenausstattung hervorgerufen!" Für die Theater zählte ein möglichst breites, aktuelles Repertoire, das Zusammenwirken der einzelnen Abteilungen und Handwerke sowie Flexibilität. Da waren die Kostümzeichner nur ein kleines Rädchen im Getriebe.
Wenn die Ausstattungsunternehmen nach Auftragslage entschieden, wann sie welchen Kostümbildner brauchten, so hatte das für den Kostümbildner die Konsequenz, sich um andere Arbeitsmöglichkeiten kümmern zu müssen. William Budzinskis parallele Tätigkeit für verschiedene Arbeitgeber und der unsichere Erwerb legten nahe, sich mit allen Risiken selbständig zu machen. Dafür sprach ein weiteres Motiv. Solange Budzinski als Figurinenzeichner von Firmen eingesetzt war, hatte er keinen Einfluß auf das Endprodukt Kostüm. Mit einem eigenen Geschäft konnte er sich diesen sichern.

> **PRUSCHINSKI**
> THEATER- UND VARIÉTÉ-KOSTÜME
> FANTASIE-ABEND-TOILETTEN
> INHABER: KOSTÜMMALER BUDZINSKI
>
> **BERLIN N.24**
> Friedrichstr. 129, gegenüber dem Passage-Kaufhaus
> Fernsprecher: Amt Norden Nr. 9785
>
> REFERENZEN:
> Waldon, Leonora, Saharet, Fornarina, Rajah, Rastus und Banks, Ethel Levey, Borischka, Hero, Sinclaris, Réjane, Oscar und Suzette, Washington-Trio, Denarber, Longonells, Ledesma, Olida, Juliette Lind, Melia, Lalla Roûkh.

Abb. 3 Visitenkarte, nach 1913

William Budzinski und seine Luxuswerkstätten Pruschinski

Bruno Pruschinski, geboren am 7. August 1868 in Altona, gründete die nach ihm benannte Kostümfirma. Seit 1901 war seine Firma in den Berliner Adreßbüchern angegeben, zunächst in der Linienstraße 145. Die topografische Lage rund um das Oranienburger Tor behielt er trotz häufiger Umzüge bei: ab 1902 Karlstraße 25, ab 1903 Elsässer Straße 39, ab 1906 Chausseestraße 1a, ab 1910 Chausseestraße 2. Dort, an der nördlichen Friedrichstraße, hatte sich Ende des letzten Jahrhunderts ein Vergnügungsviertel herausgebildet, in dem viele kleinere Variétés und Tingeltangel betrieben wurden, die dem Gebiet einen anrüchigen Ruf und den Namen "Chansonetten-Eck" einbrachten. Gleichzeitig grenzte das Viertel direkt an die größeren Theater und Variétés, die die gesamte Gegend um den Bahnhof Friedrichstraße prägten. So war dies ein idealer Ort, um artistische Künstlerinnen aus aller Welt in Kostümangelegenheiten zu beraten, denn die Stars und Sternchen spielten und lebten in dieser Umgebung.

Nachdem Bruno Pruschinski das Geschäft aufgebaut hatte, schien sein Interesse an ihm nachzulassen. Aus den Adreßbüchern geht hervor, daß er das

Geschäft weiterzugeben wünschte, denn kurzzeitig ist ein Walter Wunsch als sein Nachfolger angeführt. Doch war ihm kein Erfolg beschieden. Als nächster annoncierte William Budzinski im *Programm* vom 9. April 1911, in der als Leiter des Ateliers Pruschinski erstmals der "Kostüm-Maler Budzinski" angegeben und graphisch deutlich hervorgehoben ist. *Das Programm* war eine zeitgenössische Artistenzeitschrift, das Organ der Internationalen Artisten-Loge, des Fach- und Berufsverbandes der Spezialitätenkünstler vom Varieté, Zirkus und Kabarett. Zum Verkauf bzw. Kauf des Geschäfts kam es erst 1912, als William Budzinski das Atelier Pruschinski übernahm. Seit dem 14. Januar 1912 erschienen nun Anzeigen, in denen er als Inhaber und technischer Leiter angeführt ist. Pruschinski und Budzinski ließen am 16. März 1912 gemeinsam das Kostümatelier in das Handelsregister eintragen. Sie vereinbarten, das Kostümatelier unter dem eingeführten und in Artistenkreisen bekannten Namen Bruno Pruschinski weiterzuführen.

Bruno Pruschinski, nur wenige Jahre älter als Budzinski, zog sich aus dem Kostümgeschäft endgültig zurück. Er ging direkt unter die Artisten. Gemeinsam mit Ernst Schumann unterhielt er ein Reitinstitut in Altona bei Hamburg und inserierte Anfang 1913 im *Programm* "Freiheitsdressuren", die er selbst auch vorführte. William Budzinski erhielt, vermutlich unterstützt durch die Namensähnlichkeit, zunächst Anfragen wegen dieser Pferdedressuren. Darauf reagierte er mit einer Anzeige im *Programm* vom 11. Mai 1913, in der er klarstellt, daß "die bestens bekannten Freiheitsdressuren von Bruno Pruschinski nichts mit [seiner] Firma zu tun haben. Der Inhaber dieser Nummer war der frühere langjährige Inhaber und Begründer meiner Firma." Doch auch von den Freiheitsdressuren zog sich Bruno Pruschinski bald zurück und ging 1915 nach Zürich. Dort plante er offensichtlich ein Lokal, in dem er auch Artisten zu bewirten gedachte, ein Vorhaben, das nie realisiert wurde. Er lebte zurückgezogen als Privatier und zog 1919 ins Tessin.

Währenddessen expandierten die Luxuswerkstätten Pruschinski. William Budzinski suchte für sein Atelier repräsentativere Räume. Am 11. Mai 1913 teilte er in einer Anzeige im *Programm* seiner Kundschaft mit: "Hierdurch erlaube ich mir, höflichst mitzuteilen, daß ich infolge ständiger Vergrößerung meines Kundenkreises genötigt bin, mein Geschäft nach Friedrichstraße 129 gegenüber dem Passage-Kaufhaus in bedeutend vergrößerte[n] Räumen zu verlegen." Der wirtschaftliche Boom der Revue- und Varietétheater zog verwandte Branchen wie die Theaterateliers mit, und auch William Budzinski profitierte davon.

Die wachsende Rolle des Artistenkostüms

William Budzinski spezialisierte sich auf den Entwurf und die Herstellung von Artistenkostümen. Martha Schirmacher, ehemalige Directrice bei Pruschinski, breitete in dem Artikel "Betrachtungen aus einer Kostümwerkstatt" im *Programm* Nr. 713 detailliert ihre Vorstellungen über das Spezifische von Artistenkostümen aus, eine Auffassung, die sicherlich auch William Budzinski teilte. Neben den Kriegsnachrichten des Jahres 1915 erschien ihr Aufsatz, in dem sie sich bemühte, Artistinnen und Artisten von der Wichtigkeit der geeigneten Kostümausstattung zu überzeugen. Angesichts der nationalen Euphorie des Kriegsbeginns und der rasch folgenden Ernüchterung waren in dieser doch auf Internationalität beruhenden Branche die Aufträge rückläufig. So gab es mehrere Gründe, für die Kostümwerkstätten zu werben. Schirmacher argumentiert vor allem mit "der gesteigerten Schaulust des Publikums", dessen Ansprüche gewachsen sind. Viele Artistinnen fertigten ihre Kostüme noch selbst an oder kauften billig ein. Doch dagegen polemisiert Schirmacher und umreißt das Außergewöhnliche der idealtypischen Kostüme: "Das Kostüm soll sich deshalb aus dem Alltagsleben etwas herausheben, wie die artistische Leistung sich aus den Alltagsbetätigungen heraushebt. Es geht daher nicht an, daß der Artist, um ein bezeichnendes Wort des Konfektionsjargons zu gebrauchen, ein Kostüm 'von der Stange' kauft." Mitte des 19. Jahrhunderts waren Muster und Typen von Kostümen entwickelt worden, die per Katalog bestellt werden konnten. Dagegen setzt sie das "aparte" Kostüm, das sie mit dem Begriff "modern" im Sinne "des geläuterten Geschmacks" begrenzt. Den besitzen selbstverständlich der Leiter und die Leiterin einer Kostümwerkstatt, denen sich die Artistin anvertrauen kann. Als weitere Kriterien für Ansprüche an ein qualitatives Varietékostüm führt Schirmacher aus, daß es "sich den jeweiligen artistischen Leistungen aufs genaueste anpassen" muß. Und: "es muß in Harmonie stehen mit der Person des Trägers." Zu diesen Ansprüchen, die sie dem Bereich der Schönheit des Kostüms zuordnet, kommen noch praktische Erwägungen: Das Kostüm muß zweckmäßig und fachgemäß angefertigt sein. Was sie darunter versteht, erklärt sie exemplarisch: "Das Kleid einer Sängerin kann gearbeitet sein wie jedes andere Gesellschaftskleid. Eine schwere Schleppe kann hier unter Umständen sehr dekorativ wirken. Bei der Tänzerin dagegen würde eine schwere Schleppe hinderlich sein: hier muß darauf geachtet werden, daß der Rock möglichst leicht ist. Handelt es sich um eine akrobatische Tänzerin, so ist weiter darauf

Abb. 4   Clown Dada, Kat. 115

zu achten, daß das Kostüm extra fest mit fester Taille gearbeitet ist, damit es auch Spannungen aushält. Bei Verwandlungsnummern müssen die Kostüme so gearbeitet sein, daß sie sich im Augenblick an- und ausziehen lassen." Kurz zusammengefaßt: Das Kostüm "muß individuell gearbeitet, schön und praktisch für den Gebrauch sein."

Im Jahre 1917 trennte sich Martha Schirmacher vom Atelier Pruschinski und eröffnete in seiner Nachbarschaft Friedrichstraße 131c ihre eigenen Werkstätten. Der Kundenumgang und die organisatorische Leitung waren ihr Metier, für die Entwürfe mußte sie "erste Künstler" engagieren.

Die Zahl der Kostüm- und Ausstattungsfirmen war in den zehner Jahren beachtlich. Viele Firmen, darunter zahlreiche aus Berlin, inserierten in den Artistenzeitschriften. Neben Schirmacher konkurrierten die Ateliers Ambach und Verschleisser und die nicht nur die Artistenkreise bedienenden Unternehmen Baruch, Piek, Theaterkunst und Verch um die Kundschaft. Die Anerkennung der Kostümbildner blieb dennoch weiterhin gering. So konstatiert Paul Hildebrandt in einem Artikel über Tanzkostüme im *Programm* vom 22. April 1928 immer noch ihre mangelnde künstlerische Wertschätzung: "Aber wie die Nachwelt dem Mimen keine Kränze flicht, so bleibt auch die Arbeit des Bühnenkostümkünstlers namenlos."

Das Artistenkostüm in der Werbung

Doch die Artisten selbst hatten bereits die wesentliche Bedeutung der Garderobe und der Kostüme für ihre Auftritte erkannt. Geschmackvolle, blendende oder "1a" Kostüme, "chikes" Auftreten, elegante Garderobe und häufige Kostümwechsel, so priesen sie ihre Kostüme an. Nicht selten annoncierten die Artistinnen und Artisten mit "ihrem" Atelier. Das war vor allem dann sinnvoll, wenn es einen guten Ruf hatte wie das Atelier Pruschinski. Von 1911 bis 1935 warben Artistinnen und Artisten der unterschiedlichsten Sparten unter Hinweis auf Pruschinskis Kostüme für sich: einzelne Tänzerinnen wie La belle Rosario, Beate Bradna, Tanzpaare wie Rastus und Banks, Rose & Honey, Nina und Lasarow, Evelyne und Eric, die Clowns Bennos, die Akrobaten Romanos, die Schaefers und Verwandlungskünstler wie Max Waldon, René, Cybéle, Charny und Sevéro, die in Frauenkleidern auftraten. Auch in den Kleinanzeigen, in denen Kostüme aus zweiter Hand zum Kauf angeboten wurden wie ein "entzückendes Kleidchen für Tanzsoubrette aus dem Atelier Pruschinski" (*Programm* von 1921), war das Atelier bei dem Fachpublikum ein positiver Werbefaktor.

Abb. 5   Die "treulose" Tomate, Kat. 41

Die Personen, die mit Pruschinski für sich warben, waren gleichzeitig diejenigen, die Budzinski sowohl in Anzeigen wie auch auf seiner Visitenkarte als Referenzen angab. Außer den schon genannten zählten weitere Tänzerinnen wie Leonora, Saharet, Fornarina, Rajah, Hero, Réjane, Oscar und Suzette, Jeanette Denarber und andere dazu. Von einigen haben sich Budzinski gewidmete und signierte Starpostkarten erhalten. In der Kostümsammlung Budzinski ist allerdings nur noch ein Festkleid von 1913 erhalten, das William Budzinski selbst für eine Künstlerin entwarf, und zwar für die Tänzerin Leonora.[13]

In seinen Anzeigen warb William Budzinski auch mit den Dankesschreiben der Artistinnen. Sie sollten authentisch die Zufriedenheit der Kundinnen widerspiegeln. Rajah schrieb am 8. Juli 1914 an ihn: "Bevor ich nach New York zurückkehre, will ich Ihnen meinen Dank aussprechen über die Art und Weise, wie Sie mich bedient haben. Ihre Kostüme sind absolut die besten, sowohl an Styl, Material und Verarbeitung, die ich je gehabt habe. Ich habe mir in London, Paris, New York von erstklassen Firmen Kostüme machen lassen und muß Ihnen offen gestehen, daß die Ihrigen alle anderen in jeder Beziehung hin weit übertreffen und ohne Vergleich sind. Sie können sich immer auf mich berufen und mich stets, solange ich auf der Bühne tätig sein werde, als eine Ihrer exklusiven Kundinnen betrachten." Auch Jeanette Denarber erwies ihm zu dieser Zeit eine solche Referenz: "Ich hatte einen großen Erfolg damit, ich bin entzückt; die Kostüme sind nicht nur hübsch, sondern auch solide und gut gearbeitet." Das überschwengliche und euphorische Lob beschränkte sich nicht nur auf die Qualität und Schönheit der Kostüme, sondern auch auf ihre Bühnenwirksamkeit und den internationalen Vergleich, den die in der gesamten Welt auftretenden Artistinnen ziehen konnten.

Allerdings ist auch eine andere Reaktion in den persönlichen Korrespondenzen überliefert, die auf einen nicht nur reibungslos verlaufenden Geschäftsalltag schließen lassen. "Werter Herr Budzinsky! Die grünen Kostüme sind wohl für's Auge ganz allerliebst ausgefallen und gefallen uns sehr, doch leider nicht zum Tragen, speziell meines ist wie immer in der Taille zu weit und oben über der Brust fehlt eine Handbreite, wie Sie schon bei der Probe sagten, sollte es über der Brust weiter gemacht werden, das ist aber nicht getan, sondern noch so ein Wulst reingenäht, nun ist es noch enger. Vom Anziehen kann nun keine Rede sein, wenn Sie noch einen grünen Stoff haben, kann ich es hier ändern lassen, wollen Sie so liebenswürdig sein und mal nachsehn. Wie gesagt eine Gesangnummer würde das nicht stören, aber wir müssen in die Kostüme."¹⁴ Auch die Kundin dieser Karte äußert sich positiv über die Schönheit der Kostüme. Gleichzeitig weist sie auf ein Problem hin, das durch die vielen wechselnden Spielorte der Artistinnen bedingt ist. Die Kostüme, die alle auf Bestellung nach Originalentwürfen, Absprachen und Anproben angefertigt wurden, waren speziell für sie produziert. Mußten die Artistinnen vor Fertigstellung der Kostüme schon zu ihrem nächsten Spielort abreisen, so wurden ihnen die Kostüme mit den Entwürfen hinterhergeschickt. Falls Korrekturen notwendig waren, konnte das Atelier Pruschinski sie nicht vor Ort ausführen, ein Dilemma, das nicht zu lösen war.

Obwohl Budzinskis Kundschaft aus internationalen Artistenkreisen kam, tauchten um 1915 Werbeanzeigen von William Budzinski mit einem nationalen Zug auf. Mit der Überschrift "Es geht auch ohne Paris!" warb er für seine "deutschen" Kostüme, die "den Mangel an ausländischen Kostümen nicht fühlbar werden" lassen. "Sie stehen allen voran, nicht nur an Schönheit, sondern auch an Originalität und Billigkeit." Sein preiswertestes Kostüm kostete 100,- Mark. Mit diesem Slogan versuchte er, sich von Paris unabhängig zu machen – ein Trend, der in der deutschen Modebranche der Zeit allgemein zu beobachten war.¹⁵ Budzinski unterhielt enge Kontakte zum Konfektionsgewerbe und beteiligte sich 1916 an der Ausstellung *200 Jahre Kleiderkunst 1700–1900* des Vereins Moden-Museum e. V. im Ermeler Haus. Im begleitenden Katalog ist unter Pos. 149 seine Leihgabe angeführt: "Damenkleid, weinrote Seide, W. Budzinski."

Erinnerungen an das Atelier

William Budzinskis Firma war ein Familienbetrieb. In der Friedrichstraße 129 arbeiteten und lebten auf zwei Etagen Familienmitglieder, Freunde, Angestellte und Arbeiterinnen; zusätzlich gab es noch Heimarbeiterinnen. Auch Frau B., Jahrgang 1908, Budzinskis Nichte, arbeitete und lebte in den zwanziger Jahren ein paar Jahre lang dort.

Sie erzählte in einem Interview am 27. Januar 1997 sehr lebendig von ihrem Alltag und ihren Erlebnissen im Atelier. Ihre Erinnerungen sind geprägt von der Perspektive einer Jugendlichen, die quasi als Tochter des Hauses angenommen und akzeptiert war; zugleich stand sie als jüngste am unteren Ende in der Familien- und Arbeitshierarchie. Dies eröffnete einen anderen Blick. Sie schilderte weniger die Faszination der Theaterwelt, sondern einige Alltagsabläufe aus der Firma Pruschinski, die darüber hinaus Einblicke in das sozialhistorische Gefüge dieses Geschäftszweiges vermitteln. Diese Branche, angesiedelt im Grenzbereich zwischen Mode und Theater, stellt sich als ein knallhartes Geschäft dar, als Kehrseite der das Theater umgebenden Aura.

Von klein auf versuchte Erna Budzinski, die Frau William Budzinskis, ihre Nichte mit Stoffresten, bunten Perlen und Straßsteinen für das Metier zu ködern, denn sie sollte das Atelier Pruschinski einmal übernehmen. Jedesmal, wenn sie zu Besuch kam, brachte sie ihr einen neuen Karton bunter Perlen mit. Langsam wurde Frau B. mit der Glitzerwelt des Theaters vertraut gemacht. Nach Beendigung der Volksschule ging sie schließlich direkt zu Pruschinski und begann "von unten". An ihrem ersten Arbeitstag mußte sie mit einem Magnet die Stecknadeln aus Staub und Stoffetzen heraussortieren, die die Putzfrau vorher zusammengefegt hatte. Sie wurden dann gesäubert und wiederverwendet. Ihr erster Arbeitstag ließ sie ernüchtert zurück und sie dachte: "Das soll ich machen? Nein, niemals."

Trotz dieses Einstiegs blieb sie einige Jahre dort. Dabei waren die äußeren Bedingungen nicht sehr günstig. Sie galt als die Tochter des Hauses, die das Geschäft später übernehmen sollte. Weder erhielt sie eine Lehre oder Ausbildung im eigentlichen Sinne, noch besuchte sie begleitend eine Schule. Da in der Firma Pruschinski mit jedem Pfennig gerechnet wurde, erhielt sie für ihre Arbeit noch nicht einmal Lohn. Auch "geklebt" – wie Sozialabgaben damals hießen – wurde weder für sie noch für die anderen Angestellten. Ab und an bekam sie das Fahrgeld der billigsten Klasse, um ihre Eltern zu besuchen. Gelegentlich erhielt sie ein Kostüm. Wenn sie Rechnungen bei Kunden kassierte, bekam sie nur selten ein Trinkgeld. Manchmal dachte Frau B., die könnten ja mal aufrunden. Aber sie war eben keine Angestellte, sondern die Tochter des Hauses. Als sie aufhörte, stellte man ihr ein Zeugnis aus über alles, was sie bei Pruschinski gelernt und getan hatte.

Retrospektiv betrachtet, hatte Frau B. viel gelernt. Der Bücherrevisor zeigte ihr, wie sie die Buchhaltung für ihn vorbereiten konnte. Wenn große Bestellungen für Revuen oder kurze Termine anstanden, nähte eine jede, egal, ob sie es gelernt hatte. Da wurde gearbeitet, bis alles wirklich fertig abgegeben werden konnte. Als sie 18 war und schon ein bißchen Erfahrung gesammelt hatte, durfte sie bei den damals bekannten Stoff- und Modehäusern wie Gerson am Hausvogteiplatz einkaufen. Das war eine Arbeit, die ihr sehr viel Spaß machte und die auch nachhaltig ihren Geschmack prägte. Dann kam William Budzinski zu ihr, gab ihr seine fertigen Bilder in die Hand und sagte:

"Jetzt geh mal zu Michel oder Gerson und stell Musterproben zusammen." Dort bedienten sie immer die gleichen Herren, die ihr Vorschläge machten. Sie gaben ihr Proben, aus denen sie die passenden Stoffe und Farben auswählte, häufig allerdings nicht zu Budzinskis Zufriedenheit.

Anproben, für die Frau B. einspringen mußte, empfand sie als sehr anstrengend. Wenn Budzinski die Stoffballen, diese schönen Brokate über ihre Schultern legte, längere Zeit dastand und überlegte, hätte sie verrückt werden können. Wenn es zu viel wurde, fiel sie um.

Die Directricen oder die anderen Frauen, die das Sagen hatten, brachten ihr alles bei, oder sie lernte es durch eigenes Schauen und Tun. Ihre Tante selbst war die Chefin, sie erfüllte die repräsentativen Funktionen, führte Unterhaltungen mit Kunden und veranstaltete die Hausbälle in den Räumen des Ateliers.

Von der Friedrichstraße 129 gibt es leider keine Fotografie, aber Frau B. erinnert ein großes, ein wunderbares, altes Mietshaus mit schönen breiten Treppen und einem großen Eingang. Unten saß ein Pförtner, bei dem man klingeln mußte. Nur wer einen berechtigten Grund angab, dem öffnete er. Die Kunden kamen mit dem Fahrstuhl in das zweite und dritte Geschoß, wo die Wohn- und Arbeitsräume lagen. In einer großen Diele mit einer Couch, Sesseln und einem großen Telefonschrank, der in einer Ecke stand, wurde man kurz begrüßt. Alle Türen zu den anderen Räumen gingen hier ab. Das Probierzimmer war ein großer Raum mit Spiegeln und Sesseln rundherum und einem Podest in der Mitte. Hier fanden die Anproben statt, die die Kunden oder der Regisseur kritisch begutachteten. Der Salon war mit kleinen Sesselchen und Rauchtischchen typisch für die Zeit eingerichtet. In diesem Raum empfing William Budzinski seine internationalen Kunden, die ihm ihre Wünsche in ihrer Sprache erklärten. Er selbst sprach Englisch und Französisch. Daraufhin machte er einige Notizen und fertigte erste Skizzen an. Es waren in Frau B.s Augen sehr elegante, sehr schöne Räume.

Wohnen und Arbeiten waren nicht getrennt, auf beiden Etagen lagen Privat- und Arbeitsräume nebeneinander. Überall gab es Räume, in denen Arbeiterinnen, Näherinnen oder Putzmacherinnen saßen, ein Büro und jede Menge Toiletten. Im dritten Geschoß war ein langer Korridor, von dem links viele kleine Zimmer abgingen. Am Ende dieses Flurs war ein großes Wohnzimmer mit einem riesigen, überdachten Balkon und Möbeln. Seine Nutzung als Sommergarten war ideal für die veranstalteten Hausbälle. Daneben gab es eine sehr große, alte Küche mit großen Herden. Es folgten verschiedene kleine Räume: die sogenannte Färbestube, ein Lager mit verschiedenen Stoffballen und ein Zimmer mit antiken Sachen, die in Kartons aufbewahrt waren. Zusammen mit einer älteren Angestellten mußte Frau B. diese immer mal wieder herausnehmen und schütteln. Scheinbar lagerte er hier seine Kostümsammlung, viele der Stücke, die er dann später an die Staatlichen Museen verkaufte. Im zweiten Geschoß waren persönliche Räume, auch das kleine Zimmerchen von Frau B. und das Privatzimmer William Budzinskis, das zum Flur hinaus Fenster besaß. Hinter seinem Raum befanden sich die Küche und die Toiletten für das Personal.

Während ihrer Arbeit bei William Budzinski lernte Frau B. auch den Umgang mit der nicht immer einfachen Kundschaft. Ein besonders gutes Verhältnis gewann sie zu den Schaefers, einer "Liliputanergruppe", und Marte Western, die mit ihrer Gruppe lebende Bilder stellte. Beide wollten sie unbedingt mit auf ihre Tourneen nehmen, doch ihre Eltern hielten gar nichts von diesen Theaterkreisen. Auch gab es da ein Tanzpaar, das im Admiralspalast auftrat. Wenn die Partnerin kränkelte, mußte Frau B. einspringen und mit dem Tänzer die Bühnentänze proben. Das machte ihr zwar weniger Spaß, gehörte aber zum Dienst am Kunden. Mit der Schauspielerin Fern Andra, eine Freundin ihrer Tante, verband sie ein gutes Verhältnis.

William Budzinski in der Presse

Mitte der zwanziger Jahre erschien im *Programm* der Artikel "Das Bühnenkostüm in der Gegenwart" von Leopoldine Auzinger. Es ist der einzige Aufsatz, der William Budzinskis Kostümentwürfe würdigt. Er war gerade erst mit neuen Stoffen und Ideen aus Paris zurückgekehrt, als Auzinger anhand seiner Entwürfe inklusive zweier Abbildungen die Bedeutung des zeitgenössischen Artistinnen- und Artistenkostüms beschrieb.

Besonders beeindruckt sie die Farbgestaltung. "Fern Andra, die bekannte Filmdiva, trägt in ihrem neuesten Film [Die Liebe ist der Frauen Macht, d. V.] für einen Drahtseilakt ein Kostüm, das wie ein bezaubernder Blütentraum wirkt. Tausende kleiner Blütchen und Blättchen bilden ein so überraschendes Etwas, wie man es im Varieté an Form und Originellität [sic!] wohl kaum gesehen hat. Nur schade, daß der Film nicht die Farbenpracht wiedergibt. Hier hat es die Artistin leichter, da der Scheinwerfer die Farben nur noch leuchtender zu beleben weiß." Die Filme waren üblicherweise schwarzweiß oder koloriert, so daß die authentischen Farben der Kostüme nicht eingefangen werden konnten. Fern Andra war nicht nur Schauspielerin, sondern auch Drehbuchautorin und Produzentin ihrer Filme. Sie stammte selbst aus dem Artistenmilieu und spielte auch in drei ausgesprochenen Zirkusfilmen. In ihren Filmen gab es keine Nachweise über den Kostümbildner, wie überhaupt bis zu Beginn der zwanziger Jahre das Kostüm im Film kaum Beachtung fand. Dennoch: Kontakte zwischen Budzinski und Andra gab es, wie auch Frau B. berichtete. In Budzinskis Kostümsammlung waren sechs von ihr getragene Objekte: Hüte, Perlenanhänger, Hemden und eine Jacke, von denen keins mehr erhalten ist. Auch ist nur eine Entwurfszeichnung Budzinskis für Fern Andra erhalten: ein Hosenkostüm im Rokokostil.[16]

Die weiteren Kostümbeschreibungen von Auzinger betonen die Farbenpracht und die Stoffe, mit denen Budzinski arbeitete. Egal ob es sich um "ein Gedicht in gelb" aus Crepe Georgette oder "zartlila durchbrochener Seide mit Silber" handelt, sie alle scheinen von verblüffender Wirkung. Bevorzugte Farben lassen sich anhand der Entwürfe nicht herauskristallisieren, nur daß er der Farbe ausgesprochen zugeneigt ist. Zu seinen bevorzugten Stoffen zählen vor allem weiche Materialien wie Samt, Seide, Georgette und auch Tüll.

Die Bedeutung der Kostüme für den Unterhaltungssektor kann nicht hoch genug eingeschätzt werden. Den Höhepunkt erreichte dies in den zwanziger Jahren in den großen Ausstattungsrevuen Hallers, Charells und Kleins. Sie schufen wahre Kostümexzesse, an denen z.B. in *Wieder Metropol* drei große Ateliers (Hugo Baruch & Co., Theaterkunst Hermann J. Kaufmann, Leopold Verch) und zusätzlich diverse Modehäuser (V. Manheimer, Hermann Gerson, Atelier Hammer, Modellhaus Max Becker, Herrmann Hoffmann und andere) beteiligt waren. Wirtschaftlich impliziert das eine Monopolisierung in der Branche, denn die Arbeiten waren nur noch von riesigen Ateliers zu bewältigen.

Das Ende der Luxuswerkstätten Pruschinski

1930 brachen William Budzinskis Luxuswerkstätten zusammen, wie er es selber mehrmals gegenüber Behörden formulierte. Im Zuge der Weltwirtschaftskrise gingen weitere Firmen der Ausstattungsbranche in Konkurs wie sein früherer Auftraggeber Baruch oder die Firma Piek, die ihr Geschäft dann an Martha Schirmacher, ehemals Directrice bei Pruschinski, verkaufte. Rare Ausnahmen blieben die Theaterkunst sowie Verch, denen es gelungen war, angesichts zunehmender Integration des Kostümwesens in die Theater neue Kunden auf dem Filmsektor zu finden und ihr Angebot nicht nur auf die

Ausstattungen von Inszenierungen zu beschränken. Im Jahr, das Budzinski selbst als das Ende der Werkstätten Pruschinski angab, unterstützte er mit einer Leihgabe aus seiner Sammlung zeitgenössischer Kostüme die Ausstellung *Um Krinoline und Turnüre, Mode und Kleinkunst* der Lipperheideschen Kostümbibliothek, die im Oktober 1930 realisiert wurde. Im Adreßbuch erschien 1932 das letzte Mal Bruno Pruschinski, Varieté-Kostüme mit der Adresse Friedrichstraße 129. Im darauffolgenden Jahr war dort M. Budzinski, M. stehend für seine Schwester Melanie, mit der neuen Adresse Schumannstraße 16 eingetragen. Anscheinend hoffte William Budzinski doch noch, auf irgendeine Art und Weise seine Arbeit fortsetzen zu können. Denn auch unter Melanie Budzinskis Adresse wurden Varietékostüme angeboten, und rund ein Fünftel seiner Entwurfszeichnungen in der Lipperheideschen Kostümbibliothek stammen aus der Zeit nach 1930. Im Programmheft *Lachender Mai* der Scala von 1934 erörterte ein Werbeartikel zum Thema Sonnenkleidung die besondere Qualität der neuen Sommerstoffe aus dem Indanthrenhaus. Als Beispiele sind zwei von insgesamt neun Varietékleidern abgebildet, die William Budzinski für das "Frl. Nummer" entwarf und produzierte. Auch in der Varietézeitschrift *Programm* warb er weiter für seine Bühnenkostüme mit dem Slogan "1000fach bewährt". Doch die absolute Zahlungsunfähigkeit ließ sich nicht aufhalten. Am 24. Januar 1936 meldete er seine Firma beim Handelsregister als erloschen an, selbst die Gebühren hierfür mußten ihm erlassen werden. Zur gleichen Zeit beantragte er den Austritt aus der Reichskulturkammer, da er eidesstattlich versicherte, seit 1931 keinerlei Einnahmen zu haben und auf die Unterstützung seiner Schwester angewiesen zu sein. Eine fruchtlose Pfändung und die Beschaffung seiner Mittellosigkeitsbescheinigung wirkten sich sehr drückend auf seine niedergeschlagene Stimmung aus, wie er der Reichkulturkammer mitteilte. Seine wirtschaftliche Notlage schätzte die Reichskulturkammer so groß ein, daß sie ihn rückwirkend von Ausgaben befreite und entließ. Sein letztes Inserat erschien am 21. März 1937 in der *Deutschen Artistik*, ab 1935 das einzige amtliche Mitteilungsblatt der Fachschaft Artistik. Mit seiner Werbung für die Budzinski-Kostüme als "preiswert, weltbekannt, die schönsten, unerreicht, jedes ein Modell" versuchte er, an alte Erfolge anzuknüpfen.

Im Europahaus, ein Komplex mit Läden, Gaststätten und zahlreichen Vergnügungsstätten, fand im Januar 1937 die Premiere der Revue *1000 Worte Liebe* statt. Das Programmheft nennt als Kostümhaus die Firma Verch. Jedoch ist auch ein Kostümentwurf Budzinskis für die Darstellerin Elsa Klich mit dem Titel des Stücks erhalten. Für diesen Widerspruch gibt es zwei Erklärungsmöglichkeiten. Entweder gab die Firma Verch den Auftrag für das Kostüm an William Budzinski weiter, oder nachdem das erste Kostüm verschlissen war, bekam er den Auftrag für ein Ersatzkostüm. Vielleicht ist der Auftrag an Budzinski kein Zufall, denn die Musik stammte von Walter Kollo, dessen Operetten er in früheren Jahren ausgestattet hatte.

In diese Zeit des Umzugs und des wirtschaftlichen Ruins fällt auch der Verkauf von Budzinskis Kostümsammlung an die Staatlichen Museen. In zwei Ankaufsbüchern wurden die ca. dreitausend Kostüme, Accessoires, Skizzenbücher sowie Haushalts- und Arbeitsgegenstände ausführlich beschrieben und in Listen erfaßt.

Wolfgang Bruhn, dem damaligen Leiter der Lipperheideschen Kostümbibliothek, vertraute er ausgewählte Entwurfszeichnungen, Bücher und Fotografien an. Aus welcher Zeit der freundliche Kontakt stammt, ist schwer zu datieren. Durch berufliche Kontakte haben sie sich vermutlich schon früh kennengelernt. Bruhn engagierte sich in verschiedenen Ausstellungen und Veröffentlichungen zur Geschichte von Kostümen auch für moderne Entwürfe, z.B. von Marlice Hinz, Ludwig Kainer und Annie Offterdinger. Seine Ausstellung *Tanz und Tanzkostüm vom Mittelalter bis zur Gegenwart* erhält sogar im *Programm* vom 2. Juni 1929 eine ausführliche Kritik, die in Artistenkreisen für Resonanz sorgte. Außerdem gab William Budzinski eine Leihgabe für die oben schon erwähnte Ausstellung *Um Krinoline und Turnüre* von 1930. In einem Brief William Budzinskis an Bruhn mit herzlichen Neujahrswünschen zum Jahreswechsel 1942 übersandte er ihm einige Figurinen. Bruhn bedankte sich und hoffte, ihn bald einmal wieder begrüßen zu können. Dann verschwinden William Budzinskis Spuren.

Ein Nachruf

Fast vergessen starb William Budzinski am 4. Oktober 1950 in Berlin-Buch. In einer einzigen Tageszeitung, dem Telegraf, und dies auch erst einen Monat nach seinem Tod, erschien am 5. November 1950 auf Seite 14 ein Nachruf unter dem Titel "Er zog Sterne an" von Rudolf Brendemühl, abgekürzt mit seinem Kürzel r.b. Seine Ausführungen decken sich mit den wenigen recherchierbaren Details zu William Budzinski. "Die letzten Jahre des einst begehrten Mannes waren düster. Zu finanziellen Sorgen kam ein jahrelanges Krankenlager." Aber Brendemühl kann noch an die Bedeutung William Budzinskis "aus glanzvoller Zeit Berlins" erinnern: "Die Gesichter der alten Schauspieler und 'Sterne des Varietés' verklärten sich, wenn sein Name genannt wurde. Er war einst Inhaber der 'Luxuswerkstätten Pruschinski'".

Leider irrt sich Brendemühl bei der Aufzählung der Leistungen William Budzinskis. Einzig belegbar bleiben Entwürfe für den Filmstar Fern Andra. Ob Budzinski wirklich das Kostüm Tilla Durieux' und Gertrud Eysoldts für den Schleiertanz der Salome und auch noch auf Geheiß Max Reinhardts entwarf, ist eher fragwürdig.[17] Daß er außer *Lysistrata* und *Prinzess Rosine* weitere Paul-Lincke- und Walter-Kollo-Operetten ausstattete, ist zu vermuten. Nachdem Brendemühl die Bedeutung Budzinskis "als ein Künstler eigener Art" betont, sorgt er sich um Budzinskis Sammlungen: "Seine Kostümsammlung 'Moden des 18. und 19. Jahrhunderts' hatte er dem Schloßmuseum überlassen. Von ihm geschaffene Figurin[n]en befanden sich in der Staatlichen Kunstbibliothek. Ob es noch Reste davon gibt? Oder hat der Moloch Krieg auch das zertrampelt?" Das waren damals offene Fragen, die Brendemühl beschäftigten. Doch zumindest Teile beider Sammlungen sind erhalten, in der Kunstbibliothek 915 Entwürfe und zahlreiche Fotografien, im Kunstgewerbemuseum und im Museum für Volkskunde die Kostümsammlung, von deren circa 3000 Objekte umfassenden Sammlung an Kostümen und Hausrat allerdings nur noch knapp zehn Prozent vorhanden sind.

Erstmals werden die Bestände und seine Kostümsammlung jetzt in einer Ausstellung und einem Katalog zusammengeführt und der Öffentlichkeit zugänglich gemacht. William Budzinski wird auf diese Weise nicht nur ein besonderer Wert in der Theater- und Modegeschichte Berlins zugewiesen, sondern es wird eine, wenn auch verspätete, Auseinandersetzung mit seinem Werk möglich.

Der Bestand zu William Budzinski
in der Lipperheideschen Kostümbibliothek der Kunstbibliothek

Der Bestand zu William Budzinskis umfaßt in der Hauptsache 915 Kostümentwürfe sowie 27 Postkarten und Fotografien von Stars, die er einkleidete. Im Inventarbuch der Lipperheideschen Kostümbibliothek belegen sechs Eintragungen zwischen 1933 und 1942, daß William Budzinski der Bibliothek Entwürfe, Fotografien und Bücher anvertraute.[18] Es ist sicherlich nicht zufällig die Zeit, in der er sein Geschäft aufgab, Konkurs anmeldete und eine kleinere Wohnung in der Schumannstraße 16 bezog. Zum größten Teil handelt es sich um Geschenke, für einige Fotografien oder Bücher erhielt er kleinere Beträge zwischen fünf und 15 Mark.

Zwei Bücher sind in der Bibliothek bis heute nachgewiesen: *Die Putzmacherkunst* ist ein Handbuch für Frauen, das sich mit der Herstellung und Erhaltung von Kleidung beschäftigt. Es wurde nach den Aufzeichnungen der Putzmacherin und Modehändlerin Madame L. Hyot aus Paris verfaßt und 1823 in Quedlinburg und Leipzig verlegt.[19] Das andere mit dem Titel *La Mode de Chantecler* enthält zehn Tafeln von Plum und erschien 1910 in Paris.[20] Es bezieht sich auf *Chantecler*, das kurz zuvor erschienene Theaterstück Edmond Rostands, das mit Sarah Bernhardt in der Hauptrolle uraufgeführt zu einem gesellschaftlichen Ereignis wurde. Die Pariserinnen ahmten die Vogelmode nach, wie Plum sie auf seinen Bildern mit Hutmoden karikiert. Eine von Budzinski erworbene handschriftliche Schneideranleitung von 1828 wird vermißt.

In einer Kassette der Sammlung Modefotografie ("Männermode der Jahrhundertwende") fanden sich Portraits von William Budzinski, wie er sich in modisch aktueller, eleganter Kleidung in den Jahren 1893, 1906 und 1908 präsentierte.

Im Rahmen eines 1997/98 an der Kunstbibliothek durchgeführten Forschungsprojektes, das maßgeblich von der Sievers-Stiftung Köln finanziert wurde, konnte der gesamte Bestand detailliert inventarisiert (Midas-Hida) und verschlagwortet (Iconclass) werden.

Neben Angaben zu Farbmaterial, Zeichentechniken und der konservatorischen Erhaltung, den Transkriptionen der Entwurfsbeschriftungen sind die Kostüme inhaltlich erfaßt und über verschiedene Titel recherchierbar. Sie haben Objekttitel, die den Entwurf möglichst konkret bezeichnen. Wenn das Blatt selbst beschriftet ist, sind diese Bezeichnungen für den Objekttitel herangezogen worden. Anderenfalls ist ein Titel gewählt, der sich eng an historische Vorgaben anlehnt.[21] Ferner sind die Kostüme inhaltlich über eine primäre und sekundäre Ikonographie erschlossen. Sie basiert auf Iconclass-Notationen und ist über deren Begrifflichkeiten zu recherchieren.[22] Soweit erforscht und bekannt, sind die Artistinnen und Artisten mit Namen und Berufsbezeichnungen genannt, ebenfalls die Bühnen, an denen sie auftraten, und einzelne Aufführungen. Die einzelnen Tanzkleider sind nach ihrem spezifischen Gebrauch, den Tänzen, geordnet. In der Regel handelt es sich um Bühnenkostüme für Revue und Varieté. Es ist jedoch nicht auszuschließen, daß einige Kostüme auch als Gesellschaftskleider oder für die damals sehr beliebten Kostümfeste und Bälle genutzt wurden.

Budzinskis Entwürfe sind entweder auf Papier oder Karton gezeichnet. Die Kartons besitzen in der Regel einen Stempel ohne oder mit Adressen, die für die Datierung der frühen Entwürfe hilfreich sind: Chausseestr. 2 (2 verschiedene), Friedrichstr. 129 (3 verschiedene), Chausseestr. 1a, Elsässer Str. 39. Viele Entwürfe sind signiert, entweder mit Vor- und Zunamen oder nur mit Nachnamen und Abkürzungen wie "Budz." oder "WB".

Inwieweit der in der Kunstbibliothek erhaltene Bestand von Budzinskis Entwurfszeichnungen repräsentativ für sein gesamtes Werk ist, kann nur vermutet werden. Sein Œuvre dürfte wesentlich umfangreicher gewesen sein. Da die Zeichnungen zum individuellen Kostüm gehörten, wurden sie üblicherweise Eigentum der Auftraggeber. So konnten sie sicher sein, daß nicht noch jemand "ihr" Kostüm trug. Bisweilen verzichteten diese jedoch auf die Zeichnungen. Außerdem besteht die Möglichkeit, daß ein Teil der erhaltenen Entwürfe nicht realisiert ist, und deshalb bei ihm verblieb. Darüber hinaus gibt es einige numerierte Kartons, die auf eine höhere Produktivität schließen lassen. Ein Kostümentwurf von 1921 trägt die Nummer 1059, wobei Budzinski vermutlich seine Kriterien nicht nur chronologisch, sondern auch nach Genres angelegt hat.

Aus dem umfangreichen Bestand an Entwürfen und Fotografien wurden für die Ausstellung und den Katalog Kriterien entwickelt, die auch in der theaterwissenschaftlichen Forschung verwendet werden. Neben chronologischen und personellen Aspekten stellte sich eine genrespezifische Gruppierung seiner Kostümentwürfe als besonders geeignet heraus[23]: Frühe Tanzkostüme und Stars stehen neben thematischen Kapiteln zu folkloristischen und historischen Kostümen, Clowns und dem Verkleidungsthema. Die Auswahl beruht ferner auf persönlichen Vorlieben und dem Wunsch, Budzinskis vierzigjährige Tätigkeit als Kostümbildner und Leiter eines bedeutenden Ateliers möglichst repräsentativ vorzustellen.

William Budzinski verstand es, sich den unterschiedlichsten Modetrends anzupassen, ohne daß seine Entwürfe an Eigenständigkeit einbüßen. Sie sind immer sorgfältig und fantasievoll. Manchmal sind seine Entwürfe dicht an den Vorbildern, an Vorlagen wie Trachten- und Kostümbüchern orientiert, manchmal entfernen sie sich mit Witz und Ironie so weit, daß nur noch Details auf ihre Tradition hinweisen. Inwieweit sein Spiel mit den verschiedenen Stereotypen – seien sie geschlechtlicher, nationaler, historischer Art – als affirmativ, verwirrend oder kritisch empfunden wird, mag subjektiv zu entscheiden sein.

Heike Stange

"Kostüme und Kostümzubehör"
Die Sammlung Budzinski

Den ersten Hinweis auf einen Kontakt zwischen dem Kostümbildner William Budzinski und dem Berliner Kunstgewerbemuseum erhalten wir aus einer Eintragung im Inventarbuch von 1933.[24] Dort wird unter Nr. 59 ein "Seidendamast, blaugrün, symmetrisches Muster, Monogramm FR, nach 1701" registriert. Während dieses Geschenk den 2. Weltkrieg überdauert hat, sind zwei weitere aus dem Jahre 1934 – eine große schlesische Leinendecke und ein Posten "Modebilder, Fotos, Daguerrotypien" – verlorengegangen. Sicher war der Spender dem Museum schon länger bekannt, spätestens seit 1916, als beide an der Ausstellung *200 Jahre Kleiderkunst 1700–1900 des Vereins Moden-Museum e. V. Berlin* im Ermelerhaus beteiligt waren. Als Kostümmaler hatte Budzinski auch Erwähnung in Hans Mützels *Kostümkunde für Sammler* gefunden, die als Band 15 in der *Bibliothek für Kunst- und Antiquitätensammler* 1921 herausgekommen war und zwei seiner Sammlungsstücke im Foto präsentiert hatte.

Wir können vermuten, daß wirtschaftliche und private Schwierigkeiten und der Rückgang seiner aktiven künstlerischen Arbeit um 1930 William Budzinski dazu veranlaßt haben, seine umfangreiche, etwa 3000 Stücke umfassende Kostümsammlung veräußern zu müssen. Es lag nahe, sie jenem Museum anzubieten, das seit seiner Gründung der Textilkunst besondere Aufmerksamkeit gewidmet und neben der Gewebe- auch eine beachtliche Kostümsammlung aufgebaut hatte. Deren kulturhistorisch bestimmter Ausrichtung, die sich vor allem durch Übernahme von einschlägigen Stücken aus der ehemals preußischen Kunstkammer und den Sammlungen Minutoli und Figdor ergab, entsprach dann auch das Angebot Budzinskis.
Gesprächspartner im Museum war Theodor Falkenberg (geb. 1875, gest. nach 1948). Als technischer Hilfsarbeiter war er seit dem 1. Oktober 1900 in der Stoffsammlung des Kunstgewerbemuseums beschäftigt, avancierte am 1. Juli 1901 zu deren kommissarischen und am 1. April 1902 fest angestellten Verwalter. Diese Tätigkeit hat er offenbar bis ins hohe Alter ausgeübt. Die Rechnungsbücher der Personalkartei im Zentralarchiv der Staatlichen

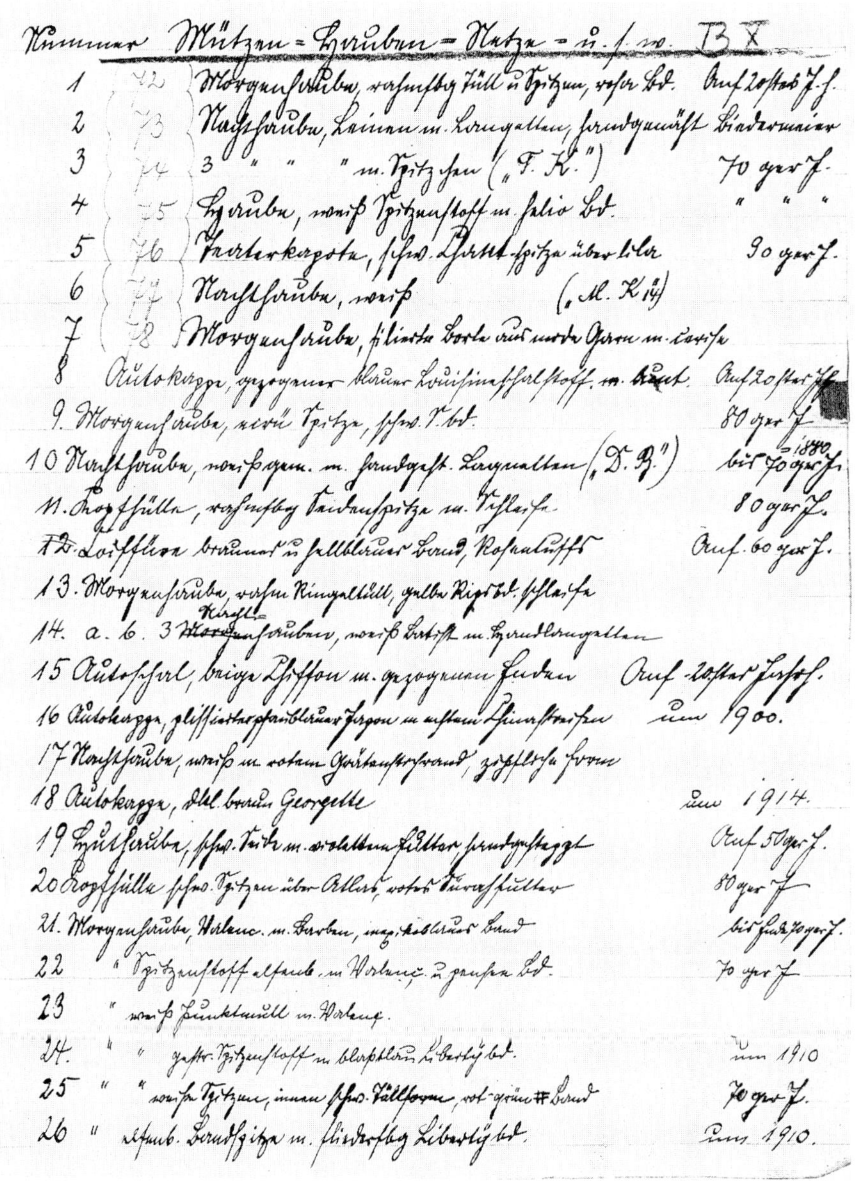

Abb. 6   Seite aus dem zweiten Ankaufsbuch der Sammlung Budzinski

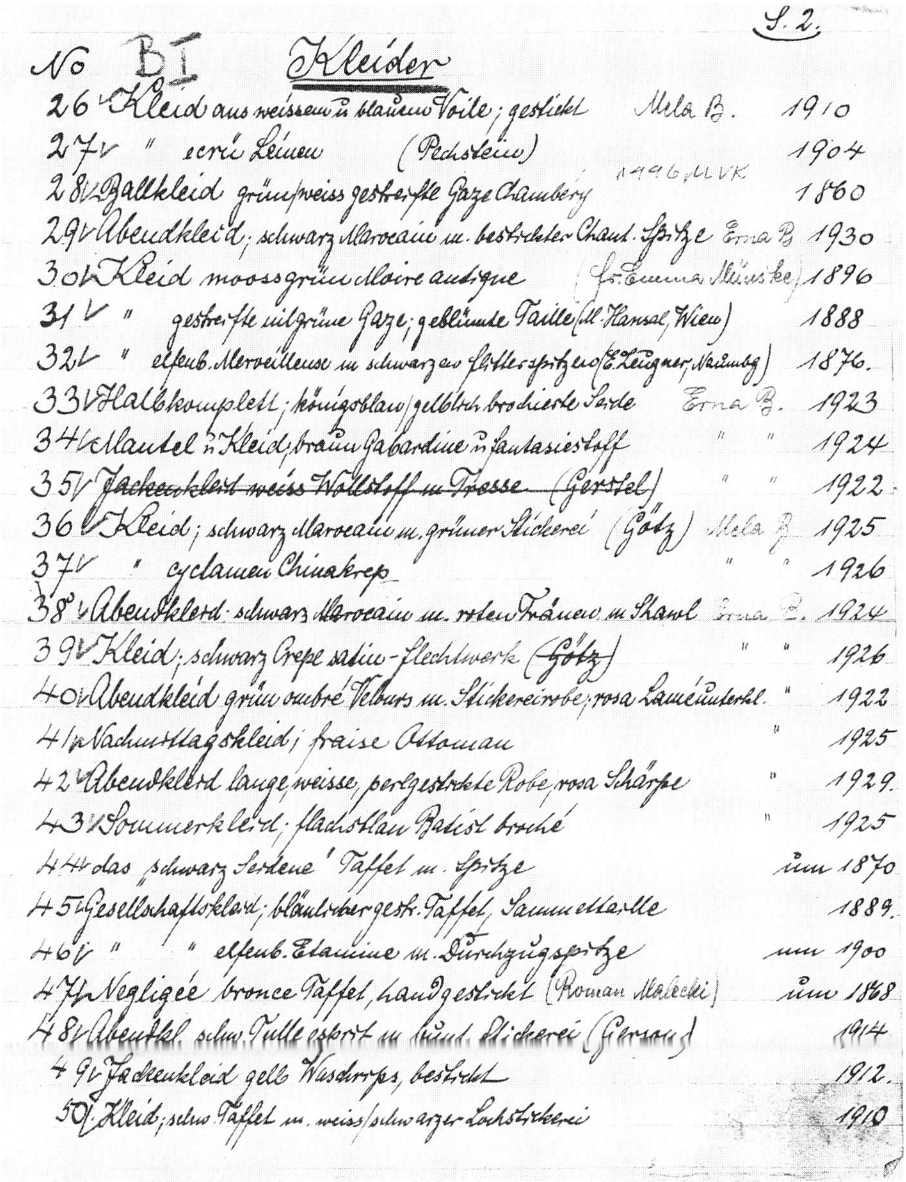

No BI Kleider   S. 2.

26 Kleid aus weissem u. blauem Voile; gestickt   Mela B.   1910
27 "   ecrû Leinen   (Pechstein)   1904
28 Ballkleid grün/weiss gestreifte Gaze Chambéry   1996 MVK 1860
29 Abendkleid; schwarz Marocain m. bestickter Chant. Spitze Erna B. 1930
30 Kleid moosgrün Moiré antique   (Jo. Emma Meinske) 1896
31 " gestreifte ut.grüne Gaze; geblümte Taille (M. Hansal, Wien) 1888
32 " elfenb. Merveilleuse m. schwarzer Flitterspitze (E. Zeigner, Naumbg) 1876
33 Halbkomplett; königsblau/gelblich brodierte Seide   Erna B.   1923
34 Mantel u. Kleid; braun Gabardine u. Fantasiestoff   "   "   1924
35 Jackenkleid weiss Wollstoff m. Trosse (Gerstel)   "   "   1922
36 Kleid; schwarz Marocain m. grüner Stickerei (Götz) Mela B. 1925
37 " cyclamen Chinakrep   "   "   1926
38 Abendkleid schwarz Marocain m. roten Fransen m. Shawl Erna B. 1924
39 Kleid; schwarz Crepe satin-Flechtwerk (Götz)   "   "   1926
40 Abendkleid grün ombré Velours m. Stickereirobe, rosa Lamé Unterkl. "   1922
41 Nachmittagskleid; fraise Ottoman   "   1925
42 Abendkleid lange, weisse, perlgestickte Robe, rosa Schärpe   "   1929
43 Sommerkleid; flachblau Batist broché   "   1925
44 das 'schwarz Seidene' Taffet m. Spitze   um 1870
45 Gesellschaftskleid; bläulicher gest. Taffet, Sammetärmel   1889
46 "   " elfenb. Etamine m. Durchzugspitze   um 1900
47 Negligée bronce Taffet, handgestickt (Roman Malecki)   um 1868
48 Abendkl. schw. Tülle exporé m. Hand Stickerei (Gerson)   1914
49 Jackenkleid gelb Waschreps, bestickt   1912
50 Kleid; schw. Taffet m. weiss/schwarzer Lackstickerei   1910

Abb. 7   Seite aus dem ersten Ankaufsbuch der Sammlung Budzinski

Museen führen ihn bis 1948. Die Finanzverhandlungen führte William Budzinskis Schwester Melanie, die damals mit ihrem Bruder in Berlin NW 1, Schumannstraße 16 wohnte. Lediglich eine Notiz des Schloßmuseums über Ausgaben für "Kostüme und Kostümzubehör" gibt Auskunft über Ankaufssummen. Danach werden 1935 für den ersten Ankauf 10.000 RM, 1938 für den zweiten Ankauf 7.500 RM veranschlagt. Dabei sollte der erste Ankauf 1.550, der zweite 951 Objekte umfassen. Auf drei losen Blättern finden wir den ersten und zweiten Ankauf aufgelistet.[25] Eine weitere Liste, undatiert, führt 1.071 Stücke auf. Deren Gliederung ist nahezu identisch mit der dieser Blätter. Offenbar ist dies aber eine von jenen unabhängig angefertigte, den Verkauf vielleicht vorbereitende Aufstellung. Interessanterweise erscheinen hier 31 Bühnenkostüme, während es in der Aufstellung über den zweiten Ankauf lediglich vier sind.[26] Das Kunstgewerbemuseum bewahrt außerdem drei handgeschriebene Ankaufsbücher – eines über den ersten und zwei über den zweiten Ankauf (Abb. 6 und 7).

Die oben erwähnten Listen sowie das erste Ankaufsbuch sind in lateinischer Schrift geschrieben. Sie stammen ohne Zweifel von der Hand William Budzinskis, der unter Position 21 ("Allerlei Hausrat") der undatierten Liste neben Bildern und Fotoalben auch "3 Skizzenbücher und Kleider meiner Mutter, Frau, Schwester" aufführt. Wir finden seine Hinweise auf die Trägerinnen Emma Groß, Erna und Melanie Budzinski in den einzelnen Positionen wieder. Hingegen gehen sowohl die in Sütterlinschrift verfaßten beiden Bücher über den zweiten Ankauf als auch die vielfältigen Bemerkungen und Ergänzungen auf Theodor Falkenberg zurück; ein Schriftvergleich mit Karteikarten zur Textilsammlung des Schloßmuseums bestätigt dies. Die wechselnden, einander z. T. widersprechenden Zeitangaben (1. Ankauf 15. 12. 1935, 2. Ankauf offenbar schon ab 1. 10. 1935 vorbereitet, aber erst 1938 getätigt) und einige Wiederholungen von Objektangaben deuten darauf hin, daß die Verhandlungen fließend vonstatten gingen.[27] Das ordnende Numerierungssystem scheint ursprünglich für beide Ankäufe gegolten zu haben und vom Verkäufer herzurühren: Römische Zahlen bezeichnen die Gruppen, arabische die Stückzahl innerhalb einer Gruppe. Ein beträchtlicher Teil der erhaltenen Stücke trägt noch Papp-Etiketten mit diesen Nummern (Abb. 8). Zusätzliche Farbmarkierungen (Bleistift, Rot- und Blaustift) sollten dabei wohl das Ordnungsprinzip leichter durchschaubar machen. Eine in Ansätzen versuchte Neunumerierung führte jedoch zu Doppelungen (Unterscheidung

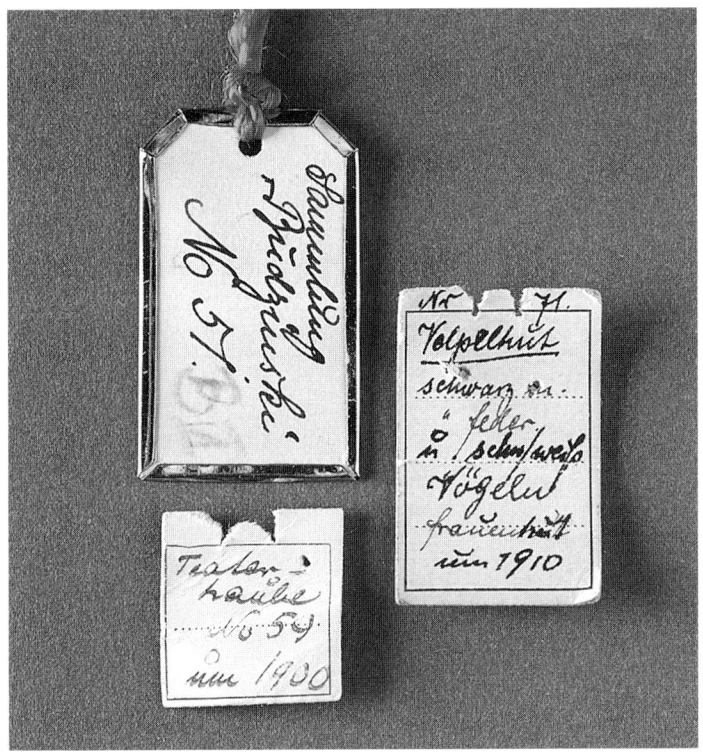

Abb. 8 Papp-Etiketten einiger Sammlungsstücke

nach "alt" und "neu") und damit zu Schwierigkeiten und Unstimmigkeiten beim Auffinden und Identifizieren. Zudem wurden beim zweiten Ankauf 49 Kleider aufgeführt, die schon im ersten Ankaufsbuch beschrieben worden waren. Offenbar sind diese Bücher als Konzeptbücher angelegt. 22 zusätzliche lose, mit Bleistift beschriebene Blätter tragen Falkenbergs Notizen zu einzelnen Stücken, dabei z. T. auch Hinweise wie "Nr. Einnähen" oder "nachprüfen", die erkennen lassen, daß der Museumsmitarbeiter in praktischer wie theoretischer Hinsicht sehr sorgfältig und gründlich zu arbeiten gewohnt war. Diese Blätter sind wohl als Skizzen für eine museale Inventarisierung gedacht, wie sie im Schloßmuseum für einzelne übernommene geschlossene Sammlungskomplexe üblich war. Ein solches Museumsverzeichnis existiert

allerdings nur für mehrere Kleider des Budzinski-Ankaufs. Zusammen mit einem kleinen Pergament-Etikett an einem Kostüm (Kat. Nr. 10) nach dem Muster von Etiketten in Teilen der Schloßmuseum-Textilsammlung deutet dieses Verzeichnis darauf hin, daß die ordnungsgemäße Einarbeitung der Budzinski-Stücke begonnen worden war. Möglicherweise hat der Ausbruch des Krieges dann auch diese Arbeit zum Stillstand gebracht.
Die Zeitläufte in den Kriegsjahren verhinderten auch das Einbeziehen der Neuerwerbungen in größeren Ausstellungszusammenhang. Lediglich ein Notizzettel im Inventarbuch deutet auf eine für 1940 vorgesehene (vorbereitete?) *Mode-Ausstellung* im Marinesaal des Schlosses, bei der ein Unterrock mit Budzinski-Nummer für ein "Kleid mit Watteaufalte" aus der Sammlung des Modemuseums genutzt werden sollte. Von den weiteren 18 dazu aufgelisteten Kostümen und Kostümteilen gehörten 16 zum Modemuseum[28], eines in die ehemals preußische Kunstkammer und eines in den älteren Bestand des Kunstgewerbemuseums.
Auch die Eintragungen "Kriegsverlust 1945" in den Ankaufsbüchern der Sammlung Budzinski sind von Falkenbergs Hand. Er hat sie wahrscheinlich beim Überprüfen der nach Kriegsende verbliebenen Reste in der Annahme vorgenommen, daß alle ausgelagerten und die nach Moskau und Leningrad überführten Sammlungsteile verloren seien.[29] Die Rückgabe einer Reihe von Stücken durch die Sowjetunion an die DDR im Jahre 1958 hat der Verwalter der Textilsammlung wohl nicht mehr erlebt. Es entsprach der kulturpolitischen Orientierung und der musealen Praxis dieser Zeit, diese immer noch umfangreichen Reste aus dem zentralen Rückführungslager der DDR dem Museum für Deutsche Geschichte im ehemaligen Zeughaus Unter den Linden in Berlin (heute Deutsches Historisches Museum) zuzuordnen. 1977 erfolgte eine ergänzende Übergabe von weiteren Budzinski-Sammlungsteilen aus dem Kunstgewerbemuseum im Ostberliner Schloß Köpenick an das Zeughaus. 1996 kamen die Stiftung Preußischer Kulturbesitz und das Deutsche Historische Museum überein, der Stiftung 262 "bislang bekannte Bestände ... aus der Kostümsammlung Budzinski" zusammen mit 88 anderen Kostümteilen der KGM-Sammlung aus dem 1977er Übergabekonvolut[30] zu übereignen. Ihrem Charakter entsprechend, wurden daraus 246 Objekte der Sammlung des Museums für Volkskunde und 16 den im Kunstgewerbemuseum verbliebenen 33 Budzinski-Stücken zugeordnet. So ist die ehemals private Kostüm- und Hausratsammlung William Budzinskis heute, soweit noch erhalten, in drei

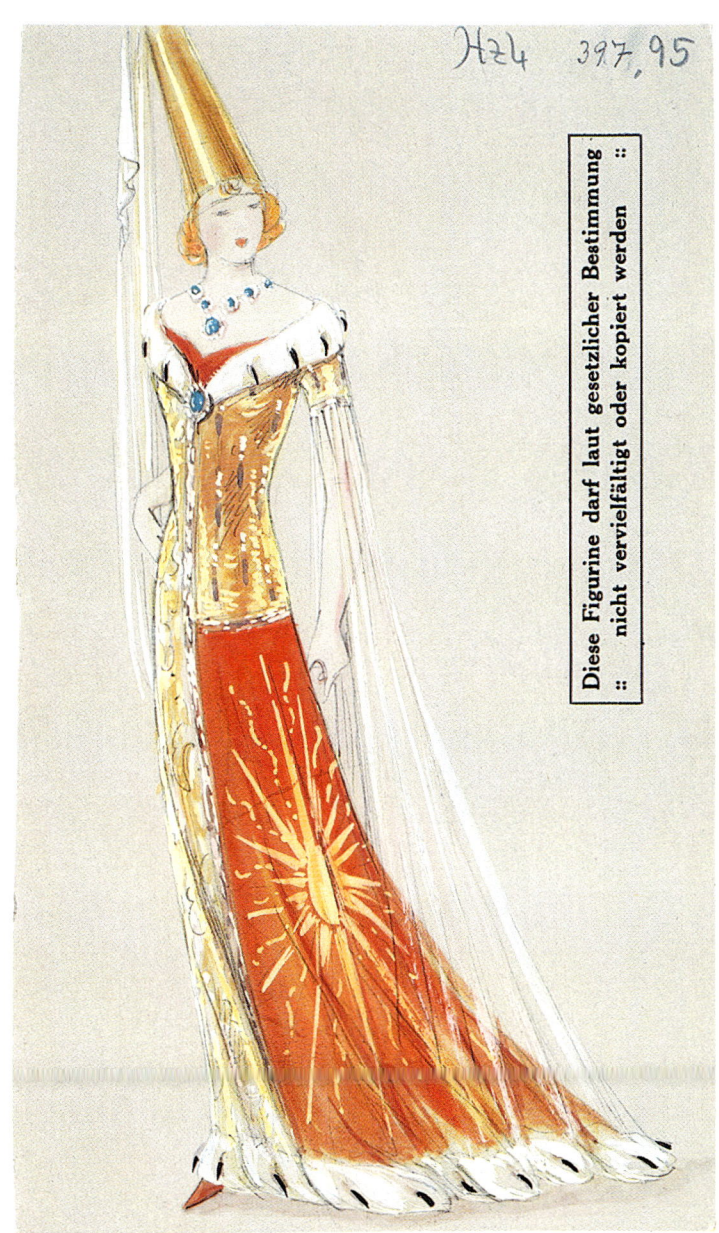

Abb. 9   Fee, Kat. 58

Abb. 10   Expressionistische Tirolerin, Kat. 74

öffentlichen Museen ausgewiesen: dem Museum für Volkskunde, dem Kunstgewerbemuseum und – in geringen Resten – dem Deutschen Historischen Museum. Auch Sammlungen haben ihre Schicksale …

Eine Vorbilder-Sammlung im Sinne der traditionellen Konzeption der europäischen Kunstgewerbemuseen und deren Textilabteilungen ist die Budzinski-Sammlung nicht gewesen. Die vielfältigen Anregungen, die der ambitionierte Kostümentwerfer aus den historischen Vorbildern schöpfte, betrafen wohl weniger genaue Details, Farb- oder Materialzusammenstellungen als ungleich mehr die von ihnen ausgehenden Stimmungen, das historische Flair. Die Silhouette, die Mixtur aus Seide, Pelzwerk, Spitzen, Federn und die Komposition aus Kleid, Schleppe, Hut, modischem Beiwerk einerseits und Körpergefühl, Pose und Bewegung andererseits mußten auf der Bühne stimmig sein. Seine "gotisch" gelängte, schmale Figurine (Kat. Nr. 58, Abb. 9) zeigt Mittelalter-Anleihen im Hennin der burgundischen Hofmode, in Pelzverbrämungen an Saum und Ausschnitt und in der figurbetonenden Gestaltung des Surcots, läßt aber keinen Zweifel über ihre Zugehörigkeit zu einer modernen, emanzipierten Frauengeneration. Seine Revuekostüm-Entwürfe arbeiten die jeweils charakteristische Silhouette und typische Akzentuierungen im Verhältnis zwischen Kleid, Kopfbedeckung und Beiwerk heraus. Ihr Charme kommt gerade in den Abweichungen, den Brechungen vom historisch "Echten", in frechen Übertreibungen ins Spielerisch-Revuehafte zum Leuchten. Seine *Expressionistische Tirolerin* (Kat. Nr. 74, Abb. 10) assoziiert und persifliert mit kessem Hütchen, der Andeutung eines Mieders, gepufften Blusenärmeln und dem gebauschten Rock mit den albernen winzigen Täschchen eine Phantasie-Volkstracht einerseits, Klischeevorstellungen vom Expressionismus andererseits.

Gewiß hätte es lediglich einiger einschlägiger Modezeitschriften und kostümgeschichtlicher Standardwerke bedurft, um einen begabten und phantasiereichen Künstler wie Budzinski zu inspirieren. Möglicherweise hat er nicht mehr gewollt, als er damit begann, alte Kleidung aus seiner familiären Umgebung aufzubewahren. Die ältesten Sammlungsteile stammen aus der zweiten Hälfte des 18. Jahrhunderts. Das jüngste Stück dürfte ein "Strohhut für Herren, 1935" gewesen sein.[31] Aus der mütterlichen Linie waren Bekleidung und Schmuck von der Großmutter Julia (Julie) Groß, geb. Hoeder, den Verwandten Rosalie und Auguste und dem Großvater August Groß vorhanden, die in Schlesien (Schweidnitz – heute Świdnica – und Waldenburg – heute

Wałbrzych) ansässig waren. Von Budzinskis Schwiegermutter Emma Munske kamen einige Stücke hinzu. Von seiner Ehefrau Erna, geb. Munske, die neben exquisiter Garderobe aus dem Atelier Pruschinski/Budzinski (Abb. 11)[32] auch solche aus Pariser Modehäusern trug, stammt ein beträchtlicher Teil der Sammlung. Die Ankaufsbücher verzeichnen 77 Nummern; davon sind 6 Teile erhalten – die Ausstellung zeigt drei davon. Auch Stücke aus Budzinskis persönlichem Besitz – etwa Hüte, Mäntel, Westen, Stiefel, Krawatten – und dem seiner Schwester Melanie gingen in den Fundus ein. Soweit bei den übrigen aufgelisteten Objekten Vorbesitzer genannt sind, erkennen wir andeutungsweise die Klientel seiner geschäftlichen Beziehungen: gutsituierte Bürger aus dem Berliner Westen, Künstler und Kollegen aus der Theater- und Varietészene.[33] Für deren Berufskleidung war er mit seinem Atelier tätig, mit einigen verband ihn und seine Frau wohl auch Privates.[34] Es konnte auch vorkommen, daß ein für eine Kundin bestimmtes Stück nicht ausgeliefert wurde oder unfertig im Atelier verblieb. So finden wir neben B I 71 "Kleid crème Spitzenrobe, um 1900" die zusätzliche Bleistifteintragung "unfertig".
Zwei "Halsketten aus russischen Fischperlen, 1899 getragen am Cleopatrakostüm" sind als Geschenke von Eleonore Duse an William Budzinski erwähnt. Sie gehörten zu einer ihrer Rollen, vermutlich der Titelrolle als Cleopatra in Shakespeares *Antonius und Cleopatra*, 1888, noch bevor ihr der internationale Durchbruch als Schauspielerin gelang. Ein "steifer Kniffhut, schwarz Filz" ist erhalten geblieben, den nach Budzinskis Eintragungen Josef Kainz als Willy Janikow getragen haben soll in dem damals vielbesprochenen und von der Zensur heftig angegangenen Gesellschaftsstück *Sodoms Ende* von Hermann Sudermann, das in der Freien Bühne im Lessingtheater 1891 uraufgeführt wurde (Kat. Nr. 17).
Von der zu ihrer Zeit sehr populären österreichischen Tragödin und Soubrette Marie Geistinger (1828–1903) stammen eine seidene Taille, "corall faille m. Silberstickerei" (Kat. Nr. 12) und eine zugehörige "Courschleppe" (Kriegsverlust) von 1868. Sie wurden in dem berühmten Pariser Modehaus Charles Frederick Worth gefertigt, das zehn Jahre zuvor in der Rue de la Paix 7 eröffnet worden war und als Geburtsstätte der internationalen Haute Couture gilt.

Fest- und Gesellschaftskleidung und Accessoires machen den größten Teil der Sammlung aus. Man hat den Eindruck, mit den Stücken, so sie denn noch erhalten wären, Damen, Herren und Kinder der gehobenen bürgerlichen

Abb. 11   Firmensignet des Ateliers Pruschinski

Stände buchstäblich "von Kopf bis Fuß" einkleiden zu können. Bei der Oberbekleidung überwiegen deutsche, vor allem Berliner renommierte Firmen wie Valentin Manheimer, Hermann Gerson, Rudolph Hertzog. Bei Kopfbedeckungen finden wir Pariser Häuser, aber auch Lübecker und Berliner Putzmacherateliers (M. Gerstel, Hoflieferant) tauchen auf; "Trauerhüte" aus London und Constantinopel sind aufgeführt. Schuhe kommen aus Italien resp. Frankreich, auch Berlin (Stiller), Modeartikel aus Paris. Auch Warschau, New York, Barcelona, Rio de Janeiro sind einbezogen – das alles hauptsächlich bei Objekten aus der Zeit vor und um 1900. Leider sind nicht alle Stücke mit exakten Herkunftsangaben versehen, und nicht alle sind von gleicher Qualität. Wir finden Arbeiten von Hausschneiderinnen oder zwei wollene gestrickte Unterröcke (sog. "Auslandsröcke") und ein Kinderröckchen aus Sammelaktionen des *Winterhilfswerks des deutschen Volkes*, nach 1933, verzeichnet.

Bestandteile von Volkstrachten scheinen ebenfalls eher zufällig Eingang gefunden zu haben. Wohl gerade hier werden Anregungen für Revuekostüme möglich gewesen sein, wie sie bei einigen Figurinen-Entwürfen zu beobachten sind. Bayern, der Schwarzwald, Schlesien, Tirol, Siebenbürgen,

Ruthenien, Dalmatien, Mazedonien, Italien, Flandern und Schweden sind als Herkunftsgegenden aufgeführt. Ein "mazedonischer Fez" (MVK 1/1997, 225) ist noch vorhanden. Bezeichnenderweise wurden Volkstrachten von Budzinski in einer Ordnungsgruppe mit Masken und Bühnenkostümen zusammengefaßt.

Nicht immer läßt sich aus den Beschreibungen in den Ankaufsbüchern und aus den erhaltenen Objekten schließen, ob es sich um "Normal"kleidung oder Bühnengarderobe gehandelt hat. Manche Bemerkungen weisen ziemlich eindeutig auf Revue- oder Theaterkleidung hin, z. B. "türkis Bluse, türkis Velvetchiffon mit Silberleder und Straß, 1928" von der Revuetruppe Schaefers Liliput[35]. Ein "Lederkoller (Wallenstein), Waschleder handgenäht" läßt an eine klassische Theateraufführung denken. Eine Balltaille (Kat. Nr. 11) läßt an ihrem veränderbaren Schnürverschluß im Rückenteil erkennen, daß sie für schnelles Wechseln hinter der Bühne genutzt wurde. Manches Stück ist so extrem empfindlich, daß es sich einem allzu oft wiederholten Gebrauch widersetzt haben dürfte; Beispiele sind ein Amselhut (Kat. Nr. 15) und ein rosaweißer Muff "mit Marabu, Mitte 80er Jahre" (Kat. Nr. 19). Allenfalls im Theater, auf der Bühne oder in Loge und Parkett konnten diese zarten Gebilde ihren Zauber verströmen.

Von den Toiletten, die uns heute angesichts der Reste der Budzinski-Sammlung – etwa 10 % sind nur erhalten – noch faszinieren, sind einige von seiner Ehefrau zu passenden Anlässen, vielleicht auch bei den von ihr im Atelier arrangierten Hausbällen getragen worden.[36] Soweit sie aus dem eigenen Atelier hervorgegangen waren, konnte ihre Vorführung eine eindrucksvolle Zurschaustellung von Budzinskis künstlerischer Phantasie, eine Art Firmenreklame und einen theatralischen Effekt bedeuten. Auch die Künstlerin Marie Geistinger mag ihre Worth-Robe bei ihren Auftritten auf den "Brettern, die die Welt bedeuten" und "danach" getragen haben. Die Grenzen zwischen Bühnenkleidung und Gesellschaftsgarderobe sind also fließend, zumal die Künstlerinnen nach dem sogenannten Kostümparagraphen zur Eigenbeschaffung ihrer Bühnenkleidung verpflichtet waren, zumindest bis zum Inkrafttreten des Reichstheatergesetzes von 1919.[37]

Der ungleich größere Teil der Sammlung besteht aber aus allgemein genutzter – und benutzter! – Bekleidung. Die Skala ist weit, wie aus den zitierten Listen und den Ankaufsbüchern ersichtlich ist. Budzinski muß ein passionierter Sammler gewesen sein, der, war der Anfang einmal gemacht, sein

Interessenfeld weiter und weiter absteckte. Dabei widmete er seine Aufmerksamkeit nicht nur den Hüten und Handschuhen, Dessous, Stiefeln und Krawatten, sondern auch allerlei "Kleinigkeiten", die seinen Sinn für kulturhistorisch interessantes, uns heute z. T. skurril anmutendes Gebrauchsgut deutlich erkennen lassen. Sogar beim "Puppenzubehör" taucht eine "Hutschachtel, imitiert Holz" auf, die er mit der Bemerkung "Zeit der großen Hüte!" einordnet. Eine "Schachtel mit Schönheitspflästerchen" datiert er sorgfältig mit Nennung des Namens der heute noch existierenden Schminkfirma Leichner, Berlin, auf 1920. Vielleicht will er vermeiden, daß spätere Nutzer sie unter "Rokoko" eingruppieren? Aus dem Bereich der Schönheitspflege um 1900 hebt er die "Spiritusfrisierlampe My Darling" seiner Schwiegermutter auf. Eine Klistierspritze, ein hölzerner Flohkratzer, ein Frisierumhang mit der Bemerkung "bis zum Bubikopf", ein "Schleppenträger, sog. Schneppe" aus den 1870er Jahren, ein Männerhut mit der Zusatzbemerkung "Zuhälter-Mode", schließlich eine stattliche Reihe von Damen- und Herrenkorsetts (22 Stück sind im MVK erhalten), Krinolinen und Turnüren gestatten mit vielem anderen einen Blick auf das "Darunter" und "Dazu" der Damen- und Herrenmode der Vergangenheit. Dieser kulturhistorische Blick konnte dem kostümbesessenen Budzinski nicht weniger interessant sein als die repräsentativen Schaukostüme. Eine "Nähmaschine, sehr altes Modell, um 1860" mag er als Symbol für sein Metier empfunden und bewahrt haben.
In dieser angedeuteten Breite und Vielfalt kann uns William Budzinskis liebenswürdige Materialsammlung zur Bekleidungsgeschichte des 19. und 20. Jahrhunderts heute sowohl mit ihren erhaltenen Objekten als auch mit ihren niedergeschriebenen Informationen eine willkommene Ergänzung der Berliner Kostümsammlungen sein.

Gesine Schulz-Berlekamp

Anmerkungen

1 Edith Ibscher: Theaterateliers im deutschen Sprachraum im 19. und 20. Jahrhundert. Frankfurt a. Main 1972, S. 96 f.
2 Der gute Ruf der englischen Kostümzeichner und sein bereits von Geburt anglisierter Vorname konnten ihm in der Branche nur von Nutzen sein.
3 Siehe auch den Titel des Buches: Vana Greisenegger-Georgila: Theater von der Stange. Wiener Ausstattungskunst in der 2. Hälfte des 19. Jahrhunderts. Wien 1994. Das Buch beschreibt die Theaterateliers unter dem Aspekt der Konfektionierung.
4 Siehe Anm. 1 Ibscher, S. 110.
5 Dort bearbeitet Sabine Herder in einem Forschungsprojekt einen Bestand von 15 000 Entwürfen verschiedener Kostümzeichner der Ausstattungsfirmen Baruch, Theaterausstattungs-AG, Theaterkunst sowie Verch & Flothow.
6 Kunstbibliothek SMPK, Lipp F 962, 25. Die Rückseite der Fotografie ist beschriftet mit *Berlin lacht 1899*, einer Jahresrevue des Metropol-Theaters. Anhand der Programmzettel läßt sich Frid-Frids Rolle als Commère nicht bestätigen.
7 Museum für Volkskunde SMPK, Inv. Nr. I/1997, 257.
8 Kunstbibliothek SMPK, Lipp F 962, 27.
9 Kunstbibliothek SMPK, Lipp F 962, 34.
10 Siehe Anm. 1 Ibscher, S. 109.
11 Paul O. Höcker: Kulissenzauber, in: Velhagen & Klasings Monatshefte, 20. Jg., 1905/06, Bd. 2, S. 161–176.
12 idem, S. 172 und S. 170.
13 Kat. Nr. 3.
14 Kunstbibliothek SMPK, Lipp F 962, 20.
15 Adelheid Rasche: Peter Jessen, der Berliner Verein Moden-Museum und der Verband der deutschen Mode-Industrie 1916 bis 1925, in: Waffen- und Kostümkunde, 37. Jg., 1995, S. 79 ff.
16 Kunstbibliothek SMPK, HzL 393, 31.
17 Als Verantwortliche für Bühnen- und Kostümbild werden im Werkverzeichnis Max Kruse und Lovis Corinth genannt. Heinrich Huesmann: Welttheater Reinhardt. München 1983.
18 Die Fotografien und Entwürfe des Bestandes sind nicht exakt mit den Aufzeichnungen im Inventarbuch zu vergleichen, denn sie sind dort nur als Sammeleintrag aufgeführt.
19 Kunstbibliothek SMPK, Lipp Yc 11.
20 Kunstbibliothek SMPK, Lipp Xe 327.
21 Ist eine "schwarze" Figur in einem exotischen Kostüm abgebildet, so heißt es "Negerkostüm". Eine Reflexion der Stereotypen, eventueller Rassismen oder dem Spiel mit ihnen scheint mir nur theoretisch und in allgemeinen Zusammenhängen möglich. Für den Objekttitel eine retrospektive Korrektur solcher Begriffe anzuwenden, würde vom zeittypischen Objekt wegführen.
22 Die hierarchischen Iconclass-Notationen sind nur begrenzt zur näheren Charakterisierung von Theaterkostümen verwendbar.
23 Vgl. das Standardwerk zu Artistenkostümen des 19. Jahrhunderts. Christine Schmitt: Artistenkostüme. Zur Entwicklung der Zirkus- und Varietégarderobe im 19. Jahrhundert. Tübingen 1993.
24 Seit der Zusammenführung des Kunstgewerbemuseum-Bestandes mit den Kunstschätzen des Berliner Schlosses 1920/21 wurde das Kunstgewerbemuseum Schloßmuseum genannt.
25 Erster Ankauf, datiert 15. 12. 1935

   75 Kleider
   54 Röcke, seidene und wollene Unterröcke
   40 Blusen und Taillen
   12 Bauerntaillen-Volkstrachten
    8 Volkstrachten-Kopfbedeckungen
   96 Mäntel-Umhänge-Jacken-Kragen
   34 Shawls / Tücher
 166 weibliche Kopfbedeckungen
   14 Trauerhüte
   74 Mützen / Hauben / Netze usw.
 ungef. 50 Schleier
   36 männliche Kopfbedeckungen
    1 Kav. Offz. Portepeé, Bandelier, Kartusche, Modell 1886, Bayern
    5 Herrenkleidungsstücke
   26 Herrenwesten
    9 Teile Herrenwäsche
   22 Teile Herrenkrawatten, Halstücher usw.
   29 Korsetten, Krinolinen, Turnüren
    3 Fotoalben
 viele Fotografien, Wandbilder, Büsten und Ständer
    3 Figuren Frauen

2 Figuren Männer
  1 Fußbank in Perlenstickerei, Kleiderbügel
  1 geflochtener Korb – Biedermeier Figurinen
  1 Sammlung von Stoffmustern
  1 Truhe mit Lederbezug
  1 Truhe mit rotem Damastbezug
  1 Truhe mit gemustertem Wollsamtbezug
  3 Hutständer
  2 gr. hölzerne Hutschachteln u. andere
  1 gestickte Reisetasche
  1 Mahagonischrank
  1 Schrank mit Schiebetüren
 78 Schuhe / Stiefel
 10 Schuhe / Stiefel-Zubehör
 75 Paar Strümpfe
  2 Strumpfbänder
 52 Paar Handschuhe
 67 Schirme / Stöcke / Maassstäbe
 26 Fächer
 10 Lorgnons u. dgl.
 19 Boas
  4 Müffe und Kragen
 82 Jabots, Schleifen, Gürtel, Schärpen usw.
 40 Taschen
 50 Teile Blumengarnituren, allerlei Hausrat
 65 Teile Weißzeug, Damenwäsche
 36 Teile Kinderkleider, Badeanzüge, Steckkissen
 27 Kinderhüte / Häubchen
 14 Teile Puppen und Zubehör
 18 Teile Schmuck
 19 Teile Haarschmuck / Brennscheren.

Zweiter Ankauf, datiert 20. Oktober 1938
 39 Kleider
 34 Röcke und Unterröcke
 66 Taillen
 56 Umhänge und Mäntel
 11 Corsets und Culs
 53 Hüte
 32 Trauerhüte
 31 Hauben / Mützen
 20 Paar Handschuhe
 65 Paar Schuhe und Stiefel
 33 Paar Strümpfe
 24 Shawls
 30 Kragen, Ärmel usw.
  7 Boas

  4 Müffe
 70 Jabots usw.
 51 Schirme, Stöcke usw.
 21 Schleier
 38 Haarschmuck
  7 Allerlei
  3 Lorgnons
  9 Fächer
 29 Schmuck
 18 Herrenartikel
 10 Herrenhüte
 12 Volkstrachten (dabei vier Bühnenkostüme)
  4 Volkskopfbedeckungen
 43 Kinderkleider
 13 Kinderhüte
 40 Taschen
 62 Puppen und Zubehörteile
 16 Teile Spielzeug.

26 Den besprochenen Listen beigefügt ist eine undatierte Aufstellung Budzinskis über Modezeitschriften, Kataloge, Bücher über Mode und Trachten, die nach Umfang und inhaltlichem Gewicht imponierend genannt werden muß. Wichtige Standardwerke wie Kretschmers und Hottenroths *Deutsche Volkstrachten* sind darin ebenso enthalten wie führende Zeitschriften, z. B. *Der Bazar* oder *Die Dame*, aber auch einschlägige Sammlungskataloge, u. a. der Sammlung Lanna, Nachlaß Begas, Blechen, Feuerbach. Die ältesten Ausgaben stammen von 1823, die jüngsten von 1939. Ein mit Bleistift der Liste zugefügtes Datum (6. 10. 42) auf der letzten Seite des Verzeichnisses könnte eine nachträgliche Kontrolle markieren. Es korrespondiert mit einem ebenfalls mit Bleistift notierten Vermerk (30. 6. 42) auf der letzten Seite des zweiten Teils des Buches über den zweiten Ankauf. Es könnte aber auch auf eine erst 1942 erfolgte Übernahme der Schriften hinweisen.

27 Eine Bemerkung im ersten Ankaufsbuch vom 15. 12. 1935 verzeichnet, daß die "Lithos, Bilder, ... Daguerrotypien, Silhouetten" bereits 1934 im Schloßmuseum vorhanden waren.

28 Zum Modemuseum vgl. Adelheid Rasche: Ein Modemuseum in Berlin? Zur Geschichte einer verlorenen Kostümsammlung, in: Museumsjournal III (9), Berlin, Juli 1995, S. 15–18.

29 Als Auslagerungsorte sind der Berliner Schloßkeller und Sophienhof/Mecklenburg gelegentlich erwähnt. Beide sind Zerstörungen durch Brand ausgesetzt gewesen; nur geringe Reste des Museumsgutes sind wieder in das Kunstgewerbemuseum zurückgelangt.
30 Lt. Übereignungsvertrag SMPK/DHM; Kopie im Kunstgewerbemuseum.
31 Von allen im folgenden aufgeführten Objekten sind die noch erhaltenen mit Standort und Inventarnummern ausgewiesen. Die übrigen gelten als Kriegsverlust.
32 Siehe S. 18 f.
33 Siehe S. 14 f. u. a. zu Pauline Hallmann. Von Hallmann übernahm Budzinski auch mehrere Stücke "aus 2. Hand", die sie ihm vermittelt haben mag (z. B. Kat. Nr. 15 und 16). Für die Künstlerin Madame Carlo, "La belle Leonora", bestimmt war ein Festkleid von 1913 aus dem Hause Pruschinski (Kat. Nr. 3).
34 Siehe S. 28 zur Schauspielerin Fern Andra.
35 Siehe S. 113 f.
36 Siehe S. 27.
37 Heike Stange: Das Bühnenkostüm: vom Prunk zur Vielfalt, in: Mode der Zwanziger Jahre, Katalog Berlin Museum, Berlin 1991, S. 32.

Verzeichnis

Die Nummern 1 bis 6 verfaßten Waltraud Berner-Laschinski und Josephine Hildebrand, die Nummern 7 bis 24 Salwa Joram, alle übrigen Heike Stange.

Zu den Kostümen und Accessoires:
Nach den technischen Angaben sind in Anführungszeichen die historischen Beschreibungen der Objekte zitiert; zumeist stammen sie aus dem entsprechenden Ankaufsbuch. Sofern Falkenbergs Bleistiftnotizen in den Inventarisierungsmappen vorhanden und ausführlicher sind, wurde diesen der Vorzug gegeben (Kat. Nr. 7, 8, 10). Die Texte der teilweise erhaltenen Papp-Etiketten werden zitiert, sofern sie von den oberen Angaben abweichen. Bei zwei Kostümen (Kat. Nr. 12, 14) sind Bänder mit dem Aufdruck "Sammlung Budzinski" eingenäht.

Zu den Entwurfszeichnungen:
Die Entwürfe sind unter bestimmten Aspekten zusammengefaßt: Tänzerinnen und Sängerinnen der Jahrhundertwende, Tanzkostüme, Stilkostüme, folkloristisches Genre, Verkleidungen, Clowns und andere spezielle Spartenkostüme, die Liliputanergruppe "Schaefers", Sterne des Varietés. Bei jedem konkreten Entwurf können mehrere dieser Aspekte zusammentreffen, eine bestimmte Einordnung schließt daher andere Möglichkeiten nicht aus. Budzinskis Originaltitel der Kostümentwürfe sind kursiv wiedergegeben, spätere Bezeichnungen in Normaldruck. Die einzelnen Katalognummern bestehen aus Nummer, Objekttitel und Datierung, Farbmaterialien, Material, Größe und Standort. Sie enthalten keine Angaben zu den Aufschriften der Entwürfe wie Stempel und Signaturen, Materialien oder Preise. Den Abschluß bilden Fotografien und Starfotografien, alle genannten Abzüge sind schwarz-weiß Vintage (Originalabzüge) Prints bzw. Fotopostkarten. Alle Maßangaben sind in Zentimetern (cm).

Einige Kostümentwürfe Budzinskis wurden auf Ausstellungen gezeigt; diese sind bei den einzelnen Katalogeinträgen als Kurznachweis angeführt.

Ausst. 1987   Berlin Berlin. Die Ausstellung zur Geschichte der Stadt. Martin Gropius Bau Berlin 1987.
Ausst. 1995   Theater als Geschäft. Berlin und seine Privattheater um die Jahrhundertwende. Stadtmuseum Berlin 1995.

Abkürzungen und Erklärungen:

Abb.   Abbildung
Ank.   Ankauf
Inv. Nr. Inventar-Nummer
HzL   Handzeichnungen der Lipperheideschen Kostümbibliothek
KGM   Kunstgewerbemuseum
Lipp   Lipperheidesche Kostümbibliothek
MVK   Museum für Volkskunde

1 Schwarzes Abendkleid mit Schleppe, um 1910 (Abb. 12)

Länge 144/195 cm
Inv. Nr. KGM Buz I 6 (2. Ank.)
eingewebtes Etikett: "S. Ungar, K & K Hoflieferant, Wien, Karlsbad, Berlin"
"Kleid schw.-weiße Perltüllrobe über Goldtüll (S. Ungar, Bln) um 1910"

Das Kleid besitzt ein hochtailliertes Oberteil mit halblangen Ärmeln aus schwarzem Seidentüll und einen ebenfalls transparenten Rock aus schwarzem Baumwolltüll, der in einer Schleppe in klarer rechteckiger Form ausläuft. Zwei kleine Einsätze aus weißer Klöppelspitze füllen sowohl vorne als auch am Rücken die spitzen Ausschnitte. Ein Corsagenmieder aus weißem Seidentaft läßt die Verzierungen auf dem darüberliegenden schwarzen Tüll hervortreten: Das Oberteil ist vollständig mit facettierten schwarzen und runden durchsichtigen Glasperlen sowie mit einzelnen größeren Straßsteinen bestickt. Dicht parallel nebeneinander liegende Perlschnüre bilden ein abstrakt-organisches Ornament.

Das reich geschmückte, leicht angeschoppte üppig fallende Oberteil wird von einem doppelt gelegten schwarzen Satinstreifen in der hohen Taille zusammengefaßt. Am Rücken betont eine auffällige Schmuckschließe, die aus drei ineinandergreifenden Ringen aus Straßsteinen gestickt ist, den Ausgang der schwer fallenden Schleppe.

Durch den zum Saum hin ausgestellten Rock scheint ein zweiter Rock – ebenfalls mit Schleppe – aus goldgewirktem Tüll hindurch. Die schlanke Linie des oberen Rockes wird von vertikalen gestickten Perlstickereibändern in schwarzen und durchsichtigen Perlen betont. Im Rücken unterstreichen die zunehmend breiter werdenden gestickten Schmuckstreifen den geradlinigen Schnitt der Schleppe. Das originale Unterkleid fehlt. Gefundene Gewebereste in der Taillennaht und im Saum aus crèmefarbener Köperseide könnten vom originalen Unterkleid herrühren. Ein eingewebtes Etikett belegt die Herkunft des Kleides aus dem Modehaus Ungar, das seit 1907 eine Niederlassung in Berlin (Unter den Linden 66) führte.

2 Abendkleid mit spitz auslaufender Schleppe, um 1911 (Abb. 13)

Länge 109/220 cm
Inv. Nr. KGM Buz I 5 (2. Ank.)
"Kleid aus mais Voile Chinon, bunte Handstickerei (Lustnauer) um 1911"
eingewebtes Etikett: "Lustnauer, Berlin W, Jägerstr. 29-31"

Das zarte helle Abendkleid besteht aus einem angepaßten Miederoberteil aus weißer Taftseide und durchsichtigem "mais"-farbenen Seidenvoile und einem knöchellangen Schleppenrock in asymmetrischem Zuschnitt aus demselben durchscheinenden Voile, darunter ein Unterkleid aus lindgrüner Taftseide. Eine Schärpe aus hellrosa Baumwollsamt, in Falten gelegt, markiert die hohe Taille. Die locker fallenden Säume des Ausschnitts und der kurzen Ärmel sowie die Schulternähte sind mit Blüten aus Goldmetall bestickt.

Farbige Akzente erhält das Kleid in erster Linie durch bunte Seidenstickerei in rippenförmigem Flachstich am corsagenartigen Oberteil und entlang der Rocksäume, ebenso an den offenen Seitenschlitzen. Große Blütenmotive werden durch ein appliziertes Band aus Metallfäden, das zu Wellen gefaltet ist, optisch verbunden. Die

Abb. 12 Abendkleid mit Schleppe, Kat. 1

Abb. 13 Abendkleid mit Schleppe, Kat. 2

Abb. 14   Abendkleid mit Schleppe, Kat. 3

Abb. 15 Umhang mit Pfauenmuster, Kat. 4

spitz auslaufende Schleppe wird durch eine graue Seidenquaste noch verlängert. Unterkleid und Ärmelfutter sind erneuert. Ein eingewebtes Etikett belegt die Herkunft aus dem Berliner Atelier Lustnauer, zu dem keine weiteren Angaben bekannt sind.

3 Abendkleid mit Schleppe "La belle Leonora", um 1913 (Abb. 14)

Länge 145/165 cm
Inv. Nr. KGM Buz I 34 (2. Ank.)
"Taftkleid grün gold chang. Glanzchiffon m Perlstickerei Pruschinski Bln la belle Leonora 1913"
Etikett: "Pruschinski Berlin, Friedrichstr. 129"

Das schmal geschnittene hochgeschlossene Kleid mit kurzen Ärmeln besteht aus drei transparenten Stofflagen: zu unterst ein hellrosa Schleier aus Seidenchiffon, das Obergewand aus grün-blau changierendem Seidenchiffon, dazwischen aus crèmefarbenem Seidenchiffon zwei schürzenartige Teile. Das unterste rosafarbene Gewand reicht oben bis zu dem schmalen Halsbündchen und bestimmt farblich das große durchsichtige "Dekolleté". Das crèmefarbene Zwischengewand wird unterhalb des Dekolletés als langer, bis zur Kniehöhe reichender Einsatz sichtbar, bestickt mit transparenten Schnüren aus Glasperlen und -stäben – wie schmale fließende glitzernde Wasserläufe.

Das tonangebende Obergewand erscheint vorne wie ein Manteau geöffnet und rahmt das freie Dekolleté nur seitlich. In Kniehöhe ist es wieder geschlossen und verläuft mit großem Schwung zur rückseitigen Schleppe, die in der Mitte geschlitzt ist. Ihr runder Saum wird von langen Fransenschnüren aus durchsichtigen Glasperlen betont. Vorne blitzen die raffiniert angelegten rosafarbenen Glasperlschnüre des Untergewandes hervor.

Eine kunstvolle Stickerei – teilweise über gemaltem Grund – verleiht dem Gewand seinen besonderen Charakter: Die schmale dunkle Kanteneinfassung, die das gesamte Obergewand umzieht, läuft in Kniehöhe in zwei großen symmetrisch angeordneten Spiralen aus, gold- und silberbeschichtete Goldstäbe bilden darauf ein Zick-Zackmuster. Dreifach wird das dunkle Band eingefaßt: von Perlschnüren, von Schnüren aus durchsichtigen Glasstäben und solchen aus Glasperlen. Zarte Ähren und Blütenzweige aus transparenten Glasperlen und -stäben begleiten den Zierstreifen. Auch in Hüfthöhe so wie hinten auf der Schleppe finden sich große Stickereimotive. In der Taille wird das Gewand von einem rosafarbenen faltenreichen Chiffonband zusammengefaßt. Ein eingenähtes Etikett belegt die Herkunft aus dem Atelier Pruschinski, das Kleid wurde demnach von William Budzinski entworfen; als Besitzerin und Trägerin wird im Ankaufsbuch die Tänzerin "La belle Leonora" genannt.

4 Festlicher Umhang mit Pfauenmuster, um 1913 (Abb. 15)

Rückenlänge 110 cm
Inv. Nr. KGM Buz VI 55 (1. Ank.)
"Peduine Chinalwrp m Pfauendruckmustern (Pruschinski) 1913"

Der Umhang besteht aus einer drei Meter langen Bahn feinster bedruckter Crêpe de Chine-Seide, die vorne mittels Haken – von Posamentenrosetten verdeckt – zusammengehalten wird. Auf crèmefarbenem

Grund bestimmt ein orientalisch anmutendes Druckmuster in zarten roten, türkisfarbenen, braunen, blauen und grünen Farben den Charakter dieses ärmellosen Mantels: ein Wellenband aus großen Pfauenfedern und kleinen Pfauen wechselt mit einem geschlossenen Bordürenstreifen aus Blätter- und Blütenmustern – inspiriert von der Ornamentik der Kaschmir-Schals. Auf dem Rücken ist der Stoff zu einer Kapuze gefaltet, deren Zipfel sowie die "Schließe" mit Posamentenrosetten und Troddeln verziert ist. Die volle Saumlänge ist mit kleinen Pelzquasten besetzt. Der Umhang ist auf ein rosafarbenes Cape aus Seidenrips gearbeitet.

Vorbild für die "Beduinenmäntel", die bereits seit dem Ende des 19. Jahrhunderts in der Damenmode beliebt waren, war der Überwurf der arabischen und ägyptischen Beduinenfrauen. Die Notiz im Ankaufsbuch besagt, daß der Umhang von William Budzinski entworfen wurde; als Besitzerin und Trägerin wird auf einem Pappanhänger seine Schwester Melanie Budzinski genannt.

5 Abendmantel aus crèmefarbener Wolle, 1922 (Abb. 16)

Länge 127 cm
Inv. Nr. KGM Buz VI 56 (1. Ank.)
eingenähtes Etikett: "Pruschinski Berlin, Friedrichstr. 129"
"Mantel reichgesticktes weisses Tuch (Pruschinski) 1922"

Der Abendmantel aus crèmefarbenem Wollflanell mit "Ton in Ton"-Stickerei aus Schappeseide besitzt einen großen, weit über die Schultern reichenden Kragen und eine stoffreiche Pelerine, die in einem breiten posamentierten Gitter mit überlangen Fransen aus Seidenbändchen endet. Die Armausschnitte sind verdeckt. Kragen und Rücken ziert plastische Stickerei mit großzügigen Rahmenmustern, Phantasie-Wappenschilden und Mäanderbändern. Über die gesamte Länge wird die Rückenfläche senkrecht von einem eingesetzten Klöppelnetz mit Spinnen- und Sternenmuster unterbrochen. Dieser Zierstreifen endet in einer großflächigen Rose, die bis zum Mantelsaum reicht.

Die Wappenmotive auf der mönchskuttenartigen Schulterpartie und die auffällige Rose deuten auf einen besonderen Anlaß, zu welchem der Mantel getragen werden sollte.

Ein eingenähtes Etikett belegt die Herkunft aus dem Atelier Pruschinski, der Umhang wurde demnach von William Budzinski entworfen; als Besitzerin und Trägerin wird auf einem Pappanhänger seine Frau Erna Budzinski genannt.

6 Zweiteiliges Tanzkleid
   mit geometrischer Perlenstickerei,
   um 1929 (Abb. 17)

Länge 117 cm
Inv. Nr. KGM Buz I 20 (2. Ank.)
Stoffetikett: "Martha Scheller, Hamburg, Gänsemarkt 62/63"
"Abendkleid lind Georgette m Stiftperltaille u Ansatz (Martha Scheller Hambg.) Frau Lettinger 1929"

Das ärmellose hemdartig zugeschnittene Oberkleid aus lindgrünem Crêpe Georgette gibt sich durch einen tief angesetzten locker fallenden Glockenrock als Tanzkleid zu erkennen. Sein an den Seiten überlängter Saum läßt in der Mitte den Blick auf die Saumbordüre des Unterkleides frei. Dieses gerade geschnittene Unterkleid aus dem gleichen Stoff ist in Hüfthöhe seitlich leicht gerafft, sein Saum ist umlaufend mit einem etwa 10 cm breiten Streifen ganzflächig mit Stiftperlen bestickt. Mit den gleichen durchsichtigen, opakweißen und silbrigen – heute geschwärzten – Stiftperlen ist das Oberkleid bis zum Hüftsattel flächendeckend in streng graphischem Ornament verziert: diagonal verlaufende Streifenbahnen aus dunkleren und hellen Perlen scheinen mehrfach übereinandergelegt und ineinander verflochten, die "obersten" Bahnen kreuzen sich zentral unter dem spitzen Ausschnitt. Alle Streifen enden zackenförmig über dem angesetzten Rock. Ein mit Straßsteinen belegter Stoffeinsatz schließt die Spitze des Ausschnitts, seitliche "Schließen" mit gleichem Straßbesatz und Stiftperlenschnüren markieren die Taille.

Ein eingenähtes Etikett nennt als Herstellerin des Kleides Martha Scheller; der Name Edina Lettinger auf einem Pappanhänger bezeichnet wahrscheinlich die ehemalige Besitzerin des Tanzkleides.

7 Gesellschaftskleid, 1926 (Abb. 18)

Länge 81 cm
Inv. Nr. MVK 1/1997, 23 – Budzinski Nr. B I 68 (1. Ank.)
"Gesellschaftskleid aus Brokat bandartig gewebt in orchideenf. u. Silber. Bis zur Taille quergestreift, dann Längsstreifen in Zacken auslaufend. Vorne reiche Perlengehänge mit Straß. Berlin 1926. Pruschinski. Erna Budzinski."

Das gerade geschnittene knielange Gesellschaftskleid wird von schmalen Trägern gehalten. Der Stoff, aus dem auch die am vorderen Ausschnitt doppelten Träger sind, wurde aus unterschiedlich gemusterten Silberbrokatbändern gefertigt. Diese sind im verlängerten Oberteil quer, im vorn asymmetrisch geschlitzten Rockteil hingegen längs verarbeitet und verlaufen am Saum unregelmäßig zipflig. Auf der Vorderseite ist am Trägeransatz je eine Perlenrosette befestigt. Von diesen hängen übereinander je zwei Perlenbänder bis zum Saum herab. Sie bilden sich aus mehreren Perlschnüren, die in regelmäßigen Abständen von einer Similisteinspange gehalten werden. Das Unterkleid aus rosafarbenem Georgette ist ebenfalls zweiteilig aber ohne Schlitz gearbeitet und scheint an den durchbrochen gearbeiteten Reihen des Oberstoffs durch.

Der Oberstoff des Kleides wurde auf einer Bobinetmaschine, der Weiterentwicklung der Tüllmaschine, hergestellt.[1] Ungewöhnlich ist, daß die Streifen unterschiedliche Mustertypen und Laufrichtungen haben. Die kunstseidenen Musterfäden, ursprünglich fliederfarben, sind heute stark ausgeblichen.

8 Festkleid, um 1920 (Abb. 19)

Länge 143 cm
Inv. Nr. MVK 1/1997, 22 – Budzinski Nr. B I 108 (33) (2. Ank.)
"Festkleid, altgold Flitterrobe (Paris) über rot-gold, chang. Lamé, um 1920"

Das fußlange Kleid besteht aus zwei vollständig mit goldfarbenen Pailletten bestickten Tüllbahnen, die nur auf den Schultern und durch einen Riegel in Hüfthöhe miteinander verbunden sind. In die waagerecht angelegte Paillettenfläche sind sowohl vorder- als auch rückseitig Blumen- und Blattmotive gearbeitet. Glatte Pailletten in der Grundfläche und leicht sechskantig gewölbte Pailletten in den

Abb. 16 Abendmantel, Kat. 5

Abb. 17 Tanzkleid mit Perlenstickerei, Kat. 6

Abb. 18 Gesellschaftskleid, Kat. 7

Abb. 19   Festkleid, Kat. 8

Abb. 20 Abendmantel, Kat. 9

Abb. 21 Abendmantel (Detail), Kat. 9

Motiven erhöhen deren plastische Wirkung. Zur Konturierung wurden goldfarbene Sprengperlen eingesetzt. Der Ausschnitt ist vorn und rückseitig spitz gearbeitet. Das durchgehende Unterkleid aus rotem Goldlamé hat in Hüfthöhe mehrere seitliche Reihungen. Im Umfang ist es um einiges größer als das Goldkleid, so daß es beim Tragen unvermeidlich seinen eigenen Glanz zeigt. Der breite, geriehene Volant des Unterkleides ist aus doppeltem zweifarbigen Tüll gearbeitet. Einseitig sind auf der rechten Schulter und von der Hüfte abwärts Blumen, meist aus dem Stoff des Unterkleides drapiert. Diese Blumen werden von langen „Blättern" aus Samt ergänzt.

Die Verarbeitung des bestickten Tüllgrundes zeigt, daß – wie üblich in der Zeit – zuerst die Bahnen gearbeitet und anschließend die Form gegeben wurde.[2] So sind die spitz zulaufenden Schulterpartien übereinandergenäht. Noch auffallender ist dies am Riegel, der Vorder- und Rückenteil verbindet. Um diesen zu bilden, erfolgten am Vorderteil je zwei waagerechte Einschnitte. Die überschüssige Weite wurde zusammengehalten und an den Riegeln angenäht. Auf diese einfache Weise erhält das Vorderteil eine andere Form als das völlig gleichgeschnittene Rückenteil.

9 Abendmantel, 1923 (Abb. 20 und 21)

Länge 117 cm
Inv. Nr. MVK I/1997, 1 – Budzinski Nr. B VI 51 (1. Ank.)
eingenähtes Etikett: "Francis Georgette, 9 Rue Auber"
"Abendmantel gelackter Brokat (Pruschinski), Erna B., 1923, mit Hermelinkrg."

Der prächtige Mantel aus blau-rot-goldenem Brokat, mit gelbem Samt gefüttert, ist gerade gearbeitet und weist keinerlei Abnäher auf; Kragen sowie Verschluß fehlen. An der linken vorderen Kante, in der hinteren Mitte und im Schulterbereich ziert das Futter eine Stickerei aus grün-blauer Wolle. Für deren Umrisse wurde zum Teil Metallgarn, für die Füllung rosafarbene Gaze eingesetzt.

Die Bemerkung "Erna B." ist ein Hinweis auf die Trägerin Erna Budzinski, seine Gattin. In der zitierten Eintragung sind zwei Angaben unklar: der Hinweis auf den Hermelinkragen als Zusatz in Falkenbergs Schrift sowie die Firmenbezeichnung Pruschinski. Ist ein Verlust des Pelzkragens im Laufe der Jahre möglich (einige blaue Nähfadenreste am Halsausschnitt sind zu finden), gibt der Firmenname Pruschinski ein ungleich größeres Rätsel auf. Wie oben beschrieben, ist im Futter das Etikett einer Pariser Firma eingenäht. Das Futter hat nur rechts eine Seitennaht, der linke Ärmel wurde mit einer Naht geschlossen, der rechte hingegen mit zwei, und die Mehrweite am Halsausschnitt wurde unregelmäßig eingenäht. Außerdem wurde die Stickerei im Schulterbereich nachträglich aufgenäht, wobei die Stiche z.T. bis an den Oberstoff gehen. Das Firmenschild ist an den Ecken umgefaltet, so daß der Straßenname nicht vollständig lesbar ist. Dies alles läßt darauf schließen, daß dem Abendmantel (nach dem Ankauf?!) eine grundlegende Änderung widerfahren ist. Möglicherweise waren Kragen und Futter zu sehr abgenutzt oder gefielen nicht mehr, so daß der Kragen entfernt und das Futter aus einem anderen Stück ersetzt wurde. Das Etikett könnte aus einem anderen Kleidungsteil stammen. Stücke der Firma Georgette hat es mit Sicherheit gegeben, so findet sich im 2. Ankaufsbuch unter der Nummer B VI 78 ein "Cape aus weißen Stiftperlen (Georgette, Paris) um 1912".

Die Bezeichnung gelackter Brokat wird auch in einer zeitgenössischen Beschreibung eines Bühnenkostüms verwendet.[3] Das Gewebe sieht sehr stark verpreßt aus; möglicherweise bezeichnete "Lacken" eine mechanische Behandlung des Brokats, etwa vergleichbar mit der Herstellung von Moirémustern.

10 Taille eines Straßenkleides, um 1870 (Abb. 22)

Länge 90 cm
Inv. Nr. MVK I/1997, 71 a – Budzinski Nr. B I 5b (1. Ank.)
"Straßenkleid. Rock, Taille und Umhang. Rock: Weiß Kaschmir mit violetten Kaschmirstreifen und schmaler, schwarzer Spitze garniert. Große Schleppe. Taille aus violettem Kaschmir. Ärmel, Westchen und Gürtel aus blau und violett schattiertem, gewürfeltem Samt, eingefaßt mit schwarzer Spitze. Umhang aus violettem Kaschmir mit violetten Seidenfransen, schwarzen Spitzen und schwarzer Perlkordel garniert. Berlin, um 1870, getragen von Frau Kommerzienrat Börner."

Die Taille aus violetter Wolle ist für eine sehr zierliche Trägerin gearbeitet; für die Ärmel, die Einsätze in den Vorderteilen und die große Rückenschleife wurde Seidentaft mit Samtkaros verwendet. Stehkragen und Ärmelaufschläge sind mit ungefärbten Plisseewollstreifen und schwarzer Tüllspitze besetzt. Diese folgt auch dem Umriß der einfarbigen Vorderkanten bis um den Halsausschnitt herum. Geschlossen wird die Taille vorn mit verdeckten Haken und Ösen (Oberstoff und Futter separat), im Bereich der Einsätze sind auf die Haken Glasknöpfe genäht. Die langen Rockschöße, an deren Außenkanten schwarze Klöppelspitze genäht ist, sind für eine Turnüre gearbeitet. Die mit Stäbchen gearbeitete Taille ist im Körperbereich mit ungefärbter Baumwolle, in den Ärmeln sowie den Schößen mit ungefärbtem Seidentaft gefüttert. Von den eingenähten Schweißblättern trägt das linke den Aufdruck "Darling / waschbar – kochecht / nach vollkommenem Trocknen bügelfest".

Der im Inventarbuch beschriebene Rock ist nicht mehr vorhanden (Kriegsverlust). Hingegen wird der erwähnte Umhang im MVK aufbewahrt, konnte aber aus konservatorischen Gründen nicht ausgestellt werden. Zur zitierten Beschreibung ist zu ergänzen, daß den Umhang in der Mitte ein großes Halbrund aus Seidensamt ziert; die schwarzen Spitzen und Perlkordeln sind nicht mehr vorhanden. An Taille und Umhang sind Pergament-Etiketten mit der Aufschrift "5 b" bzw. "5 c" angenäht.

Abb. 22　Taille eines Straßenkleides, Kat. 10

11 Balltaille mit Schößchen, 1880 (Abb. 23)

Länge 78 cm mit Schößchen
Inv. Nr. MVK 1/1997, 49 – Budzinski Nr. B III 84 (1. Ank.)
"Balltaille, hellblau-crême Damast m. Perlbommeln, 1880"

Die Taille aus hellgrau-gelbem Seidendamast hat im Rücken ein angeschnittenes Schößchen und eine ebensolche Spitze im Vorderteil. Der eckige Ausschnitt wird mit einem schmalen plissierten Chiffonstreifen abgeschlossen. Der Ausschnitt, die kurzen Ärmelansätze und der Saum sind mit aufgenähter weißer Perlenstickerei-Borte besetzt. Am Saum hängen perlenüberzogene Kugeln an doppelten Perlschnüren. Eines der Schößchenteile ist jabotartig mit Tüllspitze besetzt. Die Taille wird rückseitig mit Kugelknöpfen geschlossen bzw. geschnürt und ist mit ungefärbtem Baumwollstoff gefüttert, in den Stäbchen eingenäht sind.

Veränderungen an den Seitennähten, an den Ärmeln und am Verschluß zeigen, daß die Taille mindestens einmal im Umfang vergrößert wurde. Ebenso wurden die Kugelknöpfe des Verschlusses zur Erweiterung um circa 2 cm versetzt. Vermutlich etwas später nähte man am Untertritt der Verschlußleiste eine in Ösen gelegte Bindeschnur fest. Eine zweite, lose angenähte Schnur diente zum Verschnüren. Der improvisierte grobe Verschluß, der durch eine Schleppe oder ähnliches verdeckt werden konnte, deutet auf einen Gebrauch als Theaterkostüm hin. Wahrscheinlich veränderte man gleichzeitig mit der Erweiterung eines der Schößchenteile: Es wurde umgefaltet und festgenäht und bildet so ein Halbrund. Anschließend ist die Tüllspitze daruntergesetzt worden.

12 Taille, 1868 (Abb. 24 und 25)

Länge 19 cm
Inv. Nr. MVK 1/1997, 66 – Budzinski Nr. B III 9 (1. Ank.)
eingenähtes Etikett: "WORTH / 7, RUE DE LA PAIX, PARIS"
"Taille, corall faille m. Silberstickerei (Worth, Paris) Marie Geistinger 1868"
Der Taille zugehörig ist B II 21: "Courschleppe, korall faille m. Silberstickerei / Worth Paris (Geistinger) 1868"

Die der Empiremode entlehnte kurze Taille aus rosa Faille (feiner Kettrips) hat einen breiten, fast viereckigen Ausschnitt, der mit einem Banddurchzug verstellbar ist. Außer dem weißen Tüllbesatz fallen vor allem die mit Silberlahn bestickten Besätze am Ausschnitt ins Auge. An den Besätzen sind zusätzlich Tüllstreifen mit Silberlahnstickerei angenäht, mit solchen Streifen sind auch die sehr kurzen Ärmel besetzt. Für diese wurde der Seidenrips in Falten gelegt. Ein durchgezogenes Zierbändchen sowie weiße Tüllspitze schließen die Ärmel ab. Die Taille ist mit weißem Seidentaft gefüttert und in den Nähten mit Stäbchen versteift. Sie wird vorn mit bezogenen Knöpfen geschlossen. Auf dem baumwollenen Taillenband ist das goldfarbene Signet der Firma aufgedruckt, außerdem ist auf dem Band mit Bleistift die Jahreszahl 1868 vermerkt.

In der Mitte des rückseitigen Ausschnittes befindet sich eine aus dem Oberstoff genähte Schlaufe. Diese könnte zur Befestigung der Schleppe gedient haben, letztere ist nicht mehr vorhanden (Kriegsverlust).

Bemerkenswert ist, daß die Blütenmotive mit drei verschiedene Lahnarten gestickt wurden: Neben dem üblichen glatten Lahn wurden auch zwei verschieden stark perforierte Lahne verwendet, wodurch sich

Abb. 23   Balltaille, Kat. 11

Abb. 24 Taille, Kat. 12

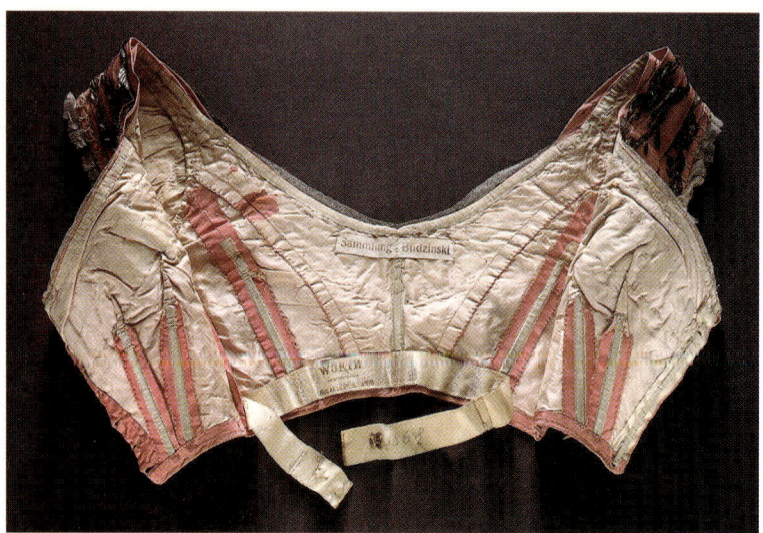

Abb. 25 Taille (Innenansicht), Kat. 12

Abb. 26   Balltaille, Kat. 13

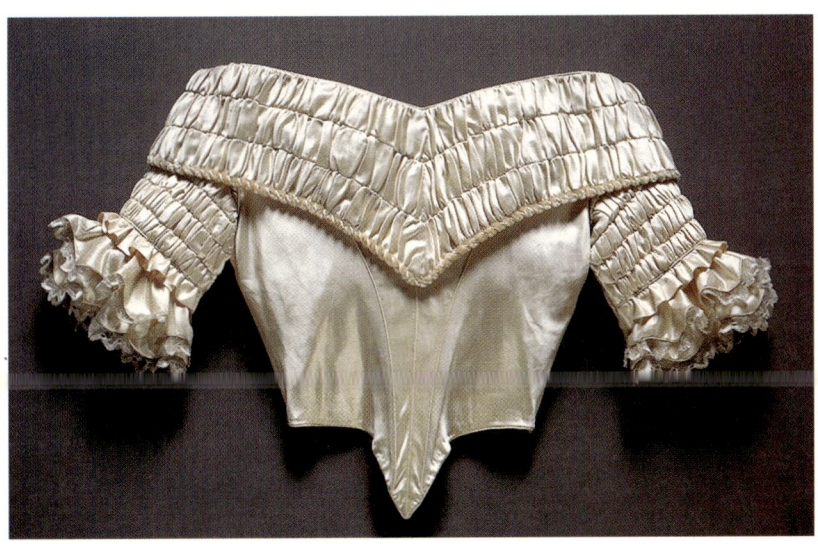

Abb. 27   Taille eines Ballkleides, Kat. 14

der optische Effekt erhöht. Nicht nur Flecken und Schweißspuren, die über Farbveränderungen hinaus zu Fehlstellen im Futter geführt haben, sondern auch Veränderungen der Seitennähte lassen auf intensive Nutzung schließen. Aus dem linken Ärmel wurde eine Falte herausgetrennt, deren Stoff man vielleicht für Änderungen gebraucht hatte. Der für die Zeit von 1868 untypische Empirestil und das Wissen um die Trägerin lassen auf eine ausschließliche Verwendung für die Bühne schließen.[4]

13 Balltaille, 1880er Jahre (Abb. 26)

> Länge 38 cm
> Inv. Nr. MVK 1/1997, 50 – Budzinski Nr. B III 135 (1. Ank.)
> eingesticktes Signet: "Hermann Gerson Berlin"
> "Taille, sahnenfbg. Bengaline m. Gaze chiné (H. Gerson, Bln.) 80ger J."

Die ärmellose, beigefarbene Taille aus Seidenrips ist am vorderen und rückseitigen spitzen Ausschnitt und entlang der Ärmellöcher luftig mit Gaze chiné besetzt. Die Rosen- und Blattranken sind broschiert und rot-grün bedruckt. Ein schmaler Kordeldurchzug am oberen Rand macht den Ausschnitt verstellbar. Vorder- und Rückenteil enden in tiefgezogenen Spitzen. Die mit beigefarbenem Seidenköper gefütterte und mit Stäben versteifte Taille wird rückseitig geschnürt.
Das Papp-Etikett am Stück weist zusätzlich zur Eintragung im Ankaufsbuch die Bezeichnung "Balltaille" auf. Das Firmensignet "Hermann Gerson Berlin" des großen Modehauses, das bis zur Arisierung 1938 in der Werderstraße ansässig war, ist in das Taillengurtband eingestickt.

14 Taille eines Ballkleides, um 1881 (Abb. 27)

> Länge 26 cm
> Inv. Nr. MVK 1/1997, 45 – vermutlich Budzinski Nr. B I 67 (1. Ank.)
> "Ballkleid für ein junges Mädchen bestehend aus Rock und Taille. Rosa Atlas garniert mit rahmfarbiger Spitze abwechselnd mit rosa gestreiften Gazevolants. um 1881"

Der zartrosa Seidenatlas ist im Vorder- und Rückenteil glatt, entlang dem schulterfreien Ausschnitt und für die halblangen Ärmel hingegen gerieben verarbeitet. Der breite Ausschnittbesatz ist mit einer rosafarbenen Chenillekordel abgesetzt. Den Abschluß der Ärmel bilden je zwei gebogte Seidenvolants mit weißer Tüllspitze. Die mit eingearbeiteten Stäben versteifte Taille ist mit ungefärbtem Baumwollgewebe gefüttert und wird rückseitig mit Haken und Ösen geschlossen.
Der Inventareintrag bezieht sich wohl auf diese Taille mit dem nicht mehr vorhandenen Rock (Kriegsverlust). Die Tüllspitze an den Ärmeln war so zerstört, daß sie – vermutlich in den 1970er Jahren – zur Stabilisierung doubliert (auf ein feines Seidengewebe aufgeklebt) wurde. Durch Farbveränderungen des Klebstoffs und feinen Staub, der sich im Laufe der Jahre fest eingebunden hat, ist sie heute vergraut.

15 Amselhut, um 1910 (Abb. 28)

> Durchmesser ca. 35 cm
> Inv. Nr.: 1/1997, 242 – Budzinski Nr. B VIII 238 (71) (2. Ank.)
> "Hut, schwarz Vohgel (sic) mit schwarz. Straußfeder (Pauline Hallmann) um 1900."

Auf der Krempe des runden Hutes aus schwarzem Wollfilz sitzen zwei einander zugewandte ausgestopfte Amseln. Die Fe-

Abb. 28   Amselhut, Kat. 15

dern sind zur Konturierung an den Flügelenden, im Halsbereich und an den Schwänzen weiß eingefärbt. Außerdem schmücken mehrere inzwischen braun ausgeblichene Straußenfedern diesen ungewöhnlichen Hut. Zum besseren Halt am Kopf der Trägerin befindet sich in der Wölbung des Hutes ein mit schwarzem Samt bezogener Drahtring. Er ist über ein sehr steifes Gewebe, das von schwarzem Seidentaft bedeckt wird, mit dem Rand des Kopfteils verbunden.

Der Hut wurde möglicherweise im Atelier von Pauline Hallmann für die Bühne angefertigt.[5] Das Verwenden ausgestopfter Vögel als Hutschmuck ist wohl auf die Moden des 18. Jahrhunderts zurückzuführen. Es haben sich nur sehr wenige Exemplare erhalten. In der Sammlung Budzinskis gibt es außerdem eine schwarze Kapote des Lübecker Herstellers G. Schöneberger (KGM Buz VIII 202) und eine braune Kappe mit einem farbigen Vogel, deren Herkunft nicht genannt ist (KGM Buz VIII 95). Für den ausgestellten Hut wurden vermutlich Amseln verwendet, weil es verbreitete und leicht zu fangende Vögel waren. Im Gegensatz zu einer Präparation für wissenschaftliche Zwecke wurde für das modische Beiwerk weniger Wert auf eine naturgetreue Form der Vögel gelegt. So verwendete man keinen Holzkorpus, sondern füllte die abgezogene Haut einfach mit

Abb. 29   Theaterhaube, Kat. 16

Watte und nähte die Vögel auf dem Hut fest.[6] Daß die Vögel noch so intakt sind, läßt auf eine sehr geringe Nutzung des Hutes – möglicherweise auf der Bühne – schließen.

16   Theaterhaube, um 1900 (Abb. 29)

    Durchmesser 52 cm
    Inv. Nr. 1/1997, 257 – Budzinski Nr. B X 59
    (1. Ank.)
    "Teaterhaube (sic) elfenb. Gaze Chiffon m.
    Zwischensätzen u. Chiffon (Pauline
    Hallmann) um 1900"

Die große leichte Haube aus cremefarbenem Chiffon ist mit farblich entsprechendem Seidentaft gefüttert. Zur Verzierung ist cremefarbene Klöppelspitze an den Nähten und an den Säumen der langen Bindebänder aufgenäht. Außerdem zieren Rosetten aus schmalen Atlasbändern die Seiten, die Bänderansätze und die rückseitige Mitte der Haube.

Der Hut wurde möglicherweise im Atelier von Pauline Hallmann für die Bühne angefertigt.[7] Ähnlich wie beim Theatermuff (Kat. Nr. 19) sind Herkunft von Bezeichnung und Verwendung der in Budzinskis Sammlung erhaltenen sechs Theaterhauben nicht geklärt. Vermutlich dienten die teilweise voluminösen Stücke zum Schutz der Frisuren. Die rötlichen Flecken auf der Oberseite dieser Haube könnten auf Schminke zurückzuführen sein.

17 Herrenhut, Anfang 1890er Jahre
(Abb. 31)

Durchmesser ca. 35 cm
Inv. Nr. MVK 1/1997, 219 – Budzinski Nr. B XII 26 (1. Ank.)
eingedrucktes Signet: "J. Hückels Söhne"
"Steifer Kniffhut, schw. Filz (v. Jos. Kainz getr. als Janikow in 'Sodoms Ende') Anf. 90ger J."

Um das Kopfteil des schlichten Krempenhutes aus schwarzem Wollfilz sind ein schwarzes Seidenripsband und eine feine schwarze Schnur geführt. Das Futter aus beigefarbenem Seidenatlas trägt das dunkel aufgedruckte Firmensignet "J. Hückels Söhne" des "k. u. k. Hofhutfabrikanten Wien". Ein ledernes Schweißband mit den aufgedruckten goldfarbenen Lettern "PARIS 1900 GRAND PRIX" und "Ascot" schließt das Futter ab.
Die Jahreszahl auf dem Schweißband steht im Widerspruch zu Budzinskis Angaben im Ankaufsbuch. Wahrscheinlich hat er oder schon der Träger – der bedeutende Wiener Schauspieler Josef Kainz (1858–1910) – diesen Hut mit einem anderen verwechselt. Spuren einer Erneuerung des Schweißbandes sind nicht festzustellen.

18 Sonnenschirm, 1870er Jahre (Abb. 30)

Länge 75 cm
Inv. Nr. MVK 1/1997, 113 – Budzinski Nr. B XXV 134 (67) (2. Ank.)
"Kl. Sonnenschirm braun Taft, langer Stiel mit Kette 70ger Jahre."

Die braune Taftseide des Oberstoffs ist an den ungesäumten Rändern bogenförmig geschnitten und ein wenig ausgefranst. Etwa in mittlerer Höhe der kleinen Schirmfläche ist eine schmale gebogte Rüsche aus dem Oberstoff aufgenäht. Die Unterseite ist mit ebenfalls gebogt geschnittenem weißen Seidentaft so gefüttert, daß das schwarze Metallgestell verdeckt ist. Der Stiel ist unten und am kleinen Knauf mit geometrischen Schnitzmustern verziert. Die kleine Kette reicht gerade für die Befestigung am Handgelenk. Die weiße Seide wurde bei der Benutzung enorm beansprucht und ist deshalb im oberen Bereich stark zerstört.
Die zweifarbige Gestaltung des Schirms war vermutlich auf die zugehörige Garderobe abgestimmt: Das weiße Futter wird der Farbe des Kleides und der braune Außenstoff der von Handschuhen und Handtasche entsprochen haben. Dieses modische Prinzip kreierte Charles Frederick Worth für seine erste Kollektion.[8]

19 Theatermuff, 1880er Jahre (Abb. 33)

Breite 30 cm
Inv. Nr. MVK 1/1997, 138 – Budzinski Nr. B XXIX 3 (1. Ank.)
"Teatermuff, rosa-weiss Damast m. Marabu Mitte 80ger J."

Die Ränder des Muffs aus rosa-weißem Seidendamast zieren neben auffälligen Marabufedern Rüschen aus beigefarbener Tüllspitze und rosa Seidenatlas. Auf die zum Teil rosa gefärbten Federn ist transparentrosa und metallener, rhombenförmiger Flitter aufgeklebt, der bei entsprechendem Licht zum Glitzern kommt. Auf der Sichtseite des Muffs funkeln neben milchigen Perlen kurze lose Metall- und Glasperlenschnüre. Der mit rosa Seidenatlas gefütterte Muff ist an der dem Körper zugewandten schmaleren Seite leicht zusammengezogen. Marabufedern, genauer die unteren Schwanzfedern dieser Storchenart, wurden seit den 1880er Jahren als meist gefärbte Meterware vertrieben.[9] Der Metallflitter ist

Abb. 30   Kat. 18, 20 und 21

Abb. 31   Herrenhut, Kat. 17

offenbar aus Metallahn schräg geschnitten. Der rosa-transparente Flitter wurde aus Gelatine hergestellt, vermutlich gestanzt. Materialien aus Gelatine sind sehr stark klimaempfindlich; besonders bei hoher Luftfeuchtigkeit und steigenden Temperaturen verformen sie sich leicht und können sich unter Umständen ganz auflösen.[10] Die empfindlichen Federn sind zum Teil gebrochen.
Die Verwendung des Muffs (für den Weg zum Theater, im Zuschauerraum, auf der Bühne) ist wie bei der Theaterhaube (Kat. Nr. 16) bislang ungeklärt.

20 Ballfächer, um 1885 (Abb. 30)

Länge 35 cm
Inv. Nr. MVK 1/1997, 109 – Budzinski Nr. B XXVI 35 (9) (2. Ank.)
"Ballfächer, elfenbeinf. Holzgestell, Gazefahne mit Libellen bestickt, 80er Jahre."

Das bestickte Fächerblatt hat einen Seidengazegrund und ist an das weiß lackierte und mit Gold bemalte Holzgestell geklebt. Vier Libellen wurden mit Metallgarn und -perlen aufgestickt. Die Holzstreben sind mit einem Messingbügel und kleinen Perlmuttringen beweglich zusammengehalten.
Das weiß und gold lackierte Gestell imitiert teures Elfenbein. Der Tüllgrund des empfindlichen Fächerblatts ist an den Knickkanten häufig gebrochen und zum Teil verloren gegangen. Die Verbindung zwischen Gestell und Blatt hat sich im mittleren Bereich an einzelnen Stäben gelöst. Auffällig ist ein kleiner mit blauem Seidengarn gestickter Kreis im unteren Bereich. Art und Technik stehen mit der anderen Stickerei nicht im Zusammenhang und lassen auf eine spätere Hinzufügung schließen, möglicherweise um den kleinen Fleck in der Falte zu verdecken.

21 Handtäschchen, um 1900 (Abb. 30)

Höhe ohne Henkel 11 cm
Inv. Nr. 1/1997, 193 – Budzinski Nr. B XXXI 29 (1. Ank.)
"Handtäschchen aus Gold u. Silberperlen. um 1900"

Das sehr kleine Handtäschchen mit kurzem Henkel ist vollständig mit silber- und goldfarbenen sowie grünen Metallperlen bestickt und mit Knopf und genähter Öse geschlossen. Die dreieckige Klappe zieren von der Spitze zum Rand länger werdende lose Perlenschnüre. Am oberen Rand ist zur Versteifung ein Stab eingearbeitet. Das Futter aus beigefarbenem Baumwollatlas ist als separater Beutel an den Oberkanten angenäht.

22 Herrenkrawatte, 1880er Jahre (Abb. 32)

Länge mit Fransen 176 cm
Inv. Nr. 1/1997, 108 – Budzinski Nr. B XXX 76 (1. Ank.)
"Krawatte, sch. Marzelline m. franze. (sic) Anf. 80ger J."

Die sehr lange schmale Krawatte aus schwarzer Marcelline, ein leicht glänzender Seidentaft, ist an allen Kanten gesäumt. Die angeknüpften Seidenfransen bestehen aus gezwirnten Fäden.
In der Mitte befinden sich streifenweise braunrötliche Verfärbungen. Da sie an den Oberkanten einer ungeordneten Fältelung entlanglaufen, handelt es sich höchstwahrscheinlich um Rückstände von Schminke, die beim Tragen abgefärbt hat.

Abb. 32   Kat. 22, 23 und 24

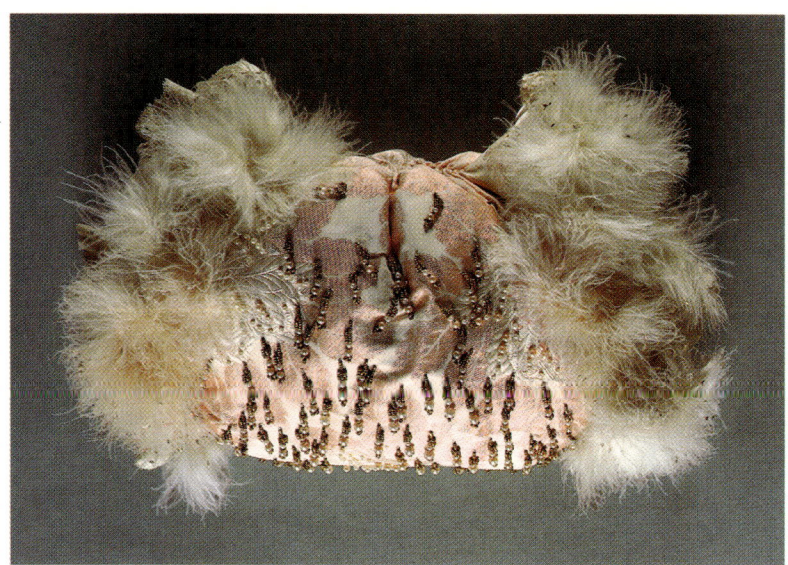

Abb. 33   Theatermuff, Kat. 19

23 "Eiserne Krawatte", 1880er Jahre
(Abb. 32)

> Höhe 21 cm
> Inv. MVK 1/1997, 106 – Budzinski Nr. B
> XVII 13 (1. Ank.)
> "farbiges 'Plastron' sogenannte 'eiserne
> Krawatte' blau/braun gemustert. 80ger J."

Die steife Krawatte wurde mit einem rückseitigen Metallhaken in den Hemdkragen eingehängt. Für die Imitation einer gebundenen Krawatte wurde das gemusterte, mehrfarbige Seidengewebe entsprechend gelegt und über eine steife Einlage – vermutlich Pappe – genäht. Die Unterseite ist mit ungefärbtem Baumwollköper gefüttert. Der Begriff Eiserne Krawatte scheint zeitgenössisch zu sein und geht wohl auf die feste "eiserne Bindung" zurück. In Budzinskis Sammlung gibt es eine zweite grau-schwarz-weiß gemusterte Krawatte gleichen Typs (MVK 1/1997 107).

24 Schleier, vor 1935 (Abb. 32)

> Länge etwa 146 cm
> Inv. Nr. 1/1997, 123 – Budzinski Nr. unbekannt

Der schmale, lange Schleier aus weitmaschigem schwarzen Tupfentüll ist ungesäumt.
Im ersten Ankaufsbuch sind unter der Sammelnummer XI 32-50 "versch. schwarze Schleier" aufgeführt, dieser wird einer davon sein.

Tänzerinnen und Sängerinnen der Jahrhundertwende

Um die Jahrhundertwende waren Sängerinnen und Tänzerinnen[11] beim Publikum sehr beliebt. Sie waren "schön", eine Charakterisierung, die nicht allein ihr Aussehen aus zeitgenössischer und subjektiver Perspektive wertete, bereits in ihren Namen integrierten einige das Wort wie La belle Otéro oder La belle Leonora. Dies gab ihnen eine unantastbare, fast göttliche Aura. Zu den berühmten Varietétänzerinnen zählen Loie Fuller, Rosario Guerrero, Cleo de Mérode, La belle Otéro, Saharet und Consuelo Tortajada. Um sich attraktiver darzustellen, änderten sie ihre Geburtsjahrgänge und gaben eine möglichst interessante Herkunft an, zum Beispiel Spanien oder Australien. Für ihre Zeit bezogen sie horrende Gagen. Ihre Auftrittsorte waren internationale Varietés in Europa und den USA. In Berlin waren sie u. a. im Wintergarten willkommene und bejubelte Gäste.
Die retrospektive Beurteilung ihrer Kunst ist oft abfällig. So weist der Autor Juan de Madrid in einem Aufsatz über spanische Tänze den "geschmacklosen und vulgären Tänzerinnen dieser Epoche", zu denen er Tortajada und Otéro zählt, lediglich die Bedeutung zu, "eine lächerliche Abart quasi spanischer Tänze zum Besten" gegeben zu haben.[12] Wolfgang Jansen dagegen begründet in seiner Geschichte des Varietés ihren Erfolg mit der Auflehnung gegen die "erdrückende(n) Erstarrung, die sich über den Tanz, den körperlichen Ausdruck und die gesellschaftlichen Konventionen" gelegt habe.[13]
Einige Tänzerinnen dieser Generation waren Kundinnen bei William Budzinski, so Leonora, Fornarina und Saharet, die er

Abb. 34 Saharet, Kat. 25

Abb. 35 Feuerflamme, Kat. 27

auch auf seiner Visitenkarte als Referenz angab. Darüber hinaus entwarf er auch Kostüme für La belle Otéro, La Tortajada und Los Floridos. In seinen Entwürfen erkennen wir deren individuelle Merkmale sowie Andeutungen ihrer typischen Bewegungen und Posen.

Die Kostüme selbst spiegeln deutlich den Zweck als Tanzkleider. Einem üppigen Schönheitsideal verpflichtet, unterstreichen sie mit reichhaltiger Stoffülle und vielfältigen Verzierungen die Schönheit der Frau. Die Rockweite läßt den Tänzerinnen die gesellschaftlich erlaubte und benötigte Bewegungsfreiheit, so daß zum Beispiel Saharet ihren High-kick vorführen konnte, bei dem sie das Bein senkrecht nach oben streckte.

25   *Saharet* um 1905 (Abb. 34)

Wasserfarben, Graphit, Deckweiß und Flitter
auf grauem Karton, 36,5 x 18,8
HzL 395, 131

Der Kostümentwurf für die Tänzerin Saharet, mit bürgerlichem Namen Clarisse Campbell (1880–1942), wiederholt ihr Halbportrait in einem Medaillon auf dem ausschwingenden Rock, ein ironisches Zitat ihrer Popularität.

Saharet trat wiederholt von 1899 bis 1922 im Wintergarten und Apollo-Theater in Berlin auf. Der Kritiker Quer beschreibt sie als "Rausch des Tanzes selber": "Eine ansteckende ausgelassene Fröhlichkeit geht von ihr aus, sobald sie, wie ein zu jeder Tollheit bereites Füllen, aus dem Vorhang hervor nach der Rampe eilt. Ein junges feuriges Vollblut mit seinen Gelenken – das ist vielleicht ein Gleichnis für sie. So stampft sie auf, so wirft sie den Nacken zurück, so schüttelt sie die blauschwarze Mähne, so scheinen sich ihre Nüstern zu blähen. Da ist nichts Angelerntes, Gemachtes, nichts, was ihre natürliche Grazie nicht jedesmal wie zum ersten Male neu erschüfe, da ist alles in Bewegung aufgelöstes Temperament, in herrischer triumphierender Wildheit sich erfüllende und bejahende Leidenschaft. Und wenn es geendet hat, meint man einen atemlosen Traum geträumt oder einem Wirbelsturm beigewohnt zu haben, der, noch eh' man ihn recht begriffen, auch schon vorübergebraust ist." (*Das Theater*, 1904)

26   *Otéro* um 1905

Wasserfarben, Graphit, Deckweiß und Flitter
auf grauem Karton, 37,3 x 18,8
HzL 395, 134

Die Schauspielerin, Sängerin und Tänzerin Pauline Augustina Otero Iglesias (1868–1965) wurde nur La belle Otéro genannt wurde. 1927 erschienen in Hamburg ihre Memoiren "Die Erinnerungen der schönen Otéro".

27   *Feuerflamme* um 1905 (Abb. 35)

Wasserfarben, Graphit, Deckweiß und Flitter
auf grauem Karton, 37,4 x 19,0
HzL 138[b], 1

Kostümentwurf für die Tänzerin Saharet.
Ausst. 1995

28   *La Tortajada* um 1906

Wasserfarben, Graphit, Deckweiß und Flitter
auf grauem Karton, 37,4 x 19,0
HzL 138[b], 2

Das Kostüm entwarf Budzinski für einen Flamenco Consuelo Tortajadas im Wintergarten Berlin.
Ausst. 1995.

Abb. 36   Commère, Kat. 29 b

29a *Commère* 1908

    Wasserfarben, Graphit, Deckweiß und Flitter
auf beigem Karton, 36,7 x 18,8
HzL 395, 133

29b *Commère* 1908 (Abb. 36)

    Wasserfarben, Graphit, Deckweiß und Flitter
auf beigem Karton, 36,5 x 18,8
HzL 395, 130

Zwei Kostümentwürfe für eine Jahresrevue "Fête de nuit" in Paris, in der Germaine Gallois die Commère spielte. Die Commère, wörtlich übersetzt Klatschbase, war die zentrale Figur dieser Revuen; sie verband die nur lose verknüpften Szenen miteinander und kommentierte sie. Germaine Gallois gastierte auch im Wintergarten in Berlin.

Tanzkostüme

Der größte Teil der erhaltenen Entwürfe für Artistenkostüme sind Tanzkostüme. Sie waren Budzinskis Spezialgebiet in allen Arbeitsphasen; auch weitere Entwürfe, darunter die historischen und folkloristischen Kostüme oder Verkleidungen zeigen diese Nutzung.

Als Budzinski für das Varieté zu entwerfen begann, hatte jedes Programm mindestens eine Tanznummer. Solotänzerinnen, Sisters, Gruppen und Tanzpaare erfreuten sich beim Publikum großer Beliebtheit. Ihr Repertoire umfaßte klassische Tänze, moderne und groteske Tänze, Volks- und Gesellschaftstänze. In den Revuen der zwanziger Jahre gewann schließlich der Girltanz an Dominanz.

Budzinskis Tanzkostümentwürfe zeigen ein breites Spektrum dieser Tanzkultur. Die Posen und Sprünge der Figurinen suggerieren Bewegungen und weisen auf den Zweck der Kostüme hin, den Tanz. Es sind einzelne Serien aus Revuen erhalten wie die Weinkostüme oder die Jahreszeiten. Manche Entwürfe für Gesellschaftstänze wie Walzer, Carioca oder Tango berücksichtigen die Ursprünge des Tanzes, die erforderlichen Bewegungsfreiheiten und aktuelle Modetrends. Für besondere Tänze gibt es einzelne Kostüme, in denen der Inhalt des Tanzes berücksichtigt ist. Für den Spiegeltanz findet sich ein Kostümentwurf mit reflektierenden, spiegelnden Steinen. Die "treulose Tomate" ist als bildliches Kostüm direkt umgesetzt.

30a *Wein-Italien* 1929

    Wasserfarben, Graphit und Deckweiß auf
grauem Karton, 36,2 x 19,0
HzL 391, 34

30b *Wein-Ungarn* 1929

    Wasserfarben, Graphit und Deckweiß auf
grauem Karton, 36,2 x 19,0
HzL 395, 103

30c *Wein-Spanien* 1929

    Wasserfarben, Graphit und Deckweiß auf
grauem Karton, 36,0 x 18,8
HzL 393, 21

30d *Wein-Griechenland* 1929

    Wasserfarben, Graphit und Deckweiß auf
grauem Karton, 36,3 x 19,0
HzL 397, 59

Trauben als gemeinsames Symbol und sparsame Bekleidung verbinden die vier Weinkostüme. Sie unterscheiden sich jedoch in den Beigaben, die auf die verschiedenen Nationalitäten hinweisen. Weinrevuen waren zu dieser Zeit sehr beliebt. 1929 gelangte diese Revue im Berliner Konzerthaus Clou zur Aufführung, einer volkstümlichen Vergnügungsstätte, die bis zu 4000 Personen Platz bot.

31 a *Frühling* um 1930 (Abb. 37)
    Wasserfarben und Graphit auf beigem Papier, 26,6 x 19,8
    HzL 391, 130

31 b *Herbst* um 1930 (Abb. 38)
    Wasserfarben und Graphit auf beigem Papier, 26,6 x 19,9
    HzL 391, 131

Für eine Revuenummer zu den Jahreszeiten haben sich die Entwürfe Frühling, Sommer und Herbst erhalten. Der Frühling als gelbe Mimosen und der Herbstes mit buntem Laub und Früchten entstanden für das Tanzpaar Georgette und Barbette.

32 a *Le chapeau* 1928 (Abb. 40)
    Wasserfarben, Graphit und Deckweiß auf grauem Karton, 36,1 x 18,9
    HzL 393, 43

32 b *La fontange* 1928 (Abb. 39)
    Wasserfarben, Graphit und Deckweiß auf grauem Karton, 36,1 x 19,0
    HzL 393, 42

Zwei Kopfbedeckungen sind in diesen Kostümen thematisiert, die für eine Revue im Juli 1928 in Paris entstanden sind. Auf den nackten Beinen beginnend, sind die Gesichter mit Augen und Schönheitsfleck angedeutet; die Kopfbedeckungen sitzen auf der Hüfte.

33 *Walzer* 1926
    Wasserfarben, Graphit und Deckweiß auf grauem Karton, 36,1 x 19,0
    HzL 393, 89

Der Walzer wurde im 19. Jahrhundert zu einem Gesellschaftstanz; als Wiener Walzer setzte er sich weltweit durch.

34 *Carioca* 1938
    Wasserfarben, Graphit und Deckweiß auf grauem Karton, 36,3 x 19,0
    HzL 397, 7

Carioca war ein Gesellschaftstanz, der aus Brasilien nach Europa kam und um 1920 mit Vorliebe getanzt wurde.

35 *Charleston* 1927
    Wasserfarben und Graphit, aufgeklebt auf grauem Karton, 36,3 x 19,0
    HzL 397, 58

Zwei Entwürfe für das Tanzpaar Silvia und Raimond, die den Charleston, den typischen Modetanz der zwanziger Jahre, aufführten.

36 *Paso doble* 1937
    Wasserfarben, Graphit und Deckweiß auf grauem Karton, 36,2 x 19,0
    HzL 397, 24

Paso doble ist ein Gesellschaftstanz des 20. Jahrhunderts spanisch-südamerikanischer Herkunft. Für das Tanzpaar Evelyne und Eric entwarf Budzinski mehrmals in den dreißiger Jahren. In ihrer Werbung erwähnten sie die "einzigartige Pruschinski-Kostümierung".[14]

Abb. 37 Frühling, Kat. 31 a

Abb. 38   Herbst, Kat. 31 b

Abb. 39 La fontange, Kat. 32 b

Abb. 40   Le chapeau, Kat. 32 a

37 *Tarantella* um 1930

    Wasserfarben und Graphit auf beigem Papier,
    18,4 x 13,0
    HzL 391, 455

Die Tarantella, ein erotischer Paartanz italienischen Ursprungs, wird von Gesang, Tambourin und Kastagnetten begleitet.

38 *Cancan* um 1930

    Wasserfarben und Graphit auf beigem Papier,
    22,1 x 14,2
    HzL 397, 111

Cancan war seit 1830 als französischer Gesellschaftstanz eingeführt; als Kunsttanz hat er sich im Varieté und in der Operette erhalten.

39 *Tanzrock* um 1930 (Abb. 41)

    Wasserfarben, Graphit und Deckweiß auf
    grauem Karton, 19,0 x 17,8
    HzL 395, 42

Für Stella Joulotte sind im Bestand Budzinski insgesamt sieben Entwürfe vorhanden. Hier handelt es sich um spezielle Röcke für ihr Ballett, das mit einer Tanznummer im Astoria in Bremen auftreten sollte. Die Raffinesse liegt in schrägen Volants, die in verschiedenen Farbtönen abgesetzt sind. Über die fünf Röcke der Girls hinweg verschieben sich die Volants diagonal.

40 *Übergirl* 1929 (Abb. 42)

    Wasserfarben, Graphit und Deckweiß auf
    grauem Karton, 36,2 x 19,0
    HzL 393, 99

Das Girl als typische Erscheinung eines anonymen Frauentyps in den zwanziger Jahren wird hier ironisiert: Reduziert auf das Wesentliche, besteht es aus einem Rumpf, vier Beinen und dem Blondschopf.

41 *Die "treulose" Tomate* 1924 (Abb. 5)

    Wasserfarben, Graphit und Deckweiß,
    36,3 x 19,0
    HzL 397, 60

42 *Groteske* 1926

    Wasserfarben, Graphit und Deckweiß auf
    grauem Karton, 36,2 x 18,9
    HzL 393, 142

Ein kurzes Hosenkostüm aus schwerer Goldspitze, wie auf dem Entwurf vermerkt, und einem Kopfputz mit Stangenreiher. Das Groteske des Kostüms wird durch das stark geschminkte Gesicht (grüner Mund, scharze Augen) und die Körperhaltung noch unterstützt.
Ausst. 1987 Kat. Nr. 26/56

43a *Bitters Sonnenblume* 1926 (Abb. 43)

    Wasserfarben, Graphit und Deckweiß auf
    grauem Karton, 36,2 x 19,0
    HzL 393, 8

Das Pagenkostüm mit Sonnenblume und Zylinder für Elli Bitter war für eine Tanznummer der Schwestern Kati und Elli Bitter gedacht, mit der sie 1926 auch im Wintergarten auftraten.

43b *40 Jahre Wintergarten*

    Festschrift zur Wiedereröffnung nach erfolgtem Umbau August 1928, hg. von Heinz Ludwigg. Berlin, Eigenbrödler Verlag, 1928.
    Lipp Ucg 11[d] kl
    aufgeschlagen: Szenenfoto Bitter-Sisters 1926
    Tiefdruck, 24,1 x 16,4

Abb. 41 Tanzrock, Kat. 39

Abb. 42   Übergirl, Kat. 40

Abb. 43   Bitters Sonnenblume, Kat. 43 a

44 *Kabarettkleid* 1934

    Wasserfarben, Graphit und Deckweiß auf grauem Karton, 34,8 x 18,7
    HzL 395, 56

Das für einen Film entworfene Kleid zeichnet sich durch einen besonders raffinierten Schnitt aus. Nicht Träger halten das Kostüm, sondern der Schmuck, der am Rücken hinuntergleitet.

45 *Klich* 1938

    Wasserfarben, Graphit und Deckweiß auf grauem Karton, 36,1 x 19,0
    HzL 395, 69

Entwurf für die Schauspielerin und Sängerin Elsa Klich. Sie trug das Kostüm in der Revue *1000 Worte Liebe*, einem Potpourri aus Walter Kollos Schlagern, die im Januar 1937 im Europahaus in Berlin aufgeführt wurde. Ob Budzinskis Datierung falsch ist oder ob nach einem Jahr der Aufführung ein neues Kostüm notwendig wurde, muß offen bleiben.

46 *Bitter* 1926

    Wasserfarbe, Graphit und Deckweiß, 36,3 x 19,0
    HzL 397, 33

47 *Aderhold* 1926

    Wasserfarben, Graphit und Deckweiß, 36,4 x 19,0
    HzL 397, 35

In diesem Kostüm trat die Sängerin und Tänzerin Hilde Aderhold 1926 im Wintergarten auf. Der Entwurf berücksichtigt das Thema der Varieténummer "Spiegeltanz". Die circa 1000 Steine des Kostüms wirken wie kleine reflektierende Spiegel. Der kurze Rock ist in Zungen aufgeschnitten, so daß er durch den Tanz entsprechend gedreht wird. Das Kostüm kostete laut Aufschrift 300 Mark.

Stilkostüme

"Bei einer Artistin, die drei Piecen bringt, sollte auch nicht ein ganz weites im Biedermeier oder Rokokostil geschnittenes Kostüm fehlen", so schrieb Paul Hildebrandt im *Programm* vom 22. 4. 1928 und betonte damit die Wichtigkeit historischer Kostüme. Dabei handelte es sich meist um Tanznummern oder Lebende Bilder, die nach der jeweiligen Epoche benannt waren.

Auch William Budzinskis Bestand umfaßt zahlreiche historische Entwürfe. Viele beziehen sich auf die Epochen des Rokoko (40 Blatt) und des Biedermeier (25 Blatt). Dabei hält sich Budzinski mehr oder weniger streng an die historischen Vorbilder. Die meisten Biedermeierkostüme zeigen bis in Details der Handschuhe und Haube eine enge Anlehnung. Eine Ausnahme ist "Paulinchen", die, für einen Girltanz gedacht, nur noch in einzelnen Versatzstücken, der Haube und den Ballonärmeln, an das Biedermeier erinnert. Auch die Rokokoentwürfe dokumentieren diese Arbeitsweise. Einige Entwürfe zeigen den typischen Reifrock, die eingesetzten halblangen Ärmel und die charakteristische Puderfrisur. Auf anderen ist nur das Schnürmieder, das spitz nach unten führt, oder ein oberer Rock, der sich über einem zweiten öffnet, aufgenommen. Die beliebten Rüschen und Schleifen werden bisweilen aus ihrem Zusammenhang herausgenommen und zu einem Kopfschmuck stilisiert.

Abb. 44 Revuekostüm, Kat. 51

Das mittelalterliche Feenkostüm, das Kostüm im englischen Stil von 1780 mit dem Gainsborough-Hut und ein weiteres im Stil von 1882 sind Einzelblätter innerhalb dieser Gruppe.

48 a *Geburtstagstanz* um 1930

    Wasserfarben und Graphit auf beigem Papier, 14,2 x 9,0
    HzL 391, 245

48 b *Geburtstagstanz* um 1930

    Wasserfarben und Graphit auf beigem Papier, 14,3 x 8,6
    HzL 391, 448

Zwei biedermeierliche Kostüme für ein Mädchen und einen Knaben, die gemeinsam einen Geburtstagstanz aufführen.

49 *Biedermeier* 1910

    Wasserfarben, Graphit und Deckweiß auf grauem Karton, 36,2 x 19,0
    HzL 393, 84

Ein Kostüm im Stil von 1830 mit typischem Kopfputz und langen Handschuhen.

50 *Paulinchen* 1934

    Wasserfarben, Graphit und Deckweiß auf grauem Karton, 36,1 x 18,9
    HzL 393, 83

Haube und Ärmel des Kostüms erinnern an biedermeierliche Vorbilder. Die Beschreibung "jedes Kleid in einer anderen Farbe" läßt uns hier Entwürfe für einen Girltanz *Paulinchen* vermuten, der im Dezember 1934 aufgeführt wurde.

51 *Revuekostüm* 1918 (Abb. 44)

    Wasserfarbe, Graphit und Deckweiß auf grauem Karton, 36,2 x 19,0
    HzL 393, 80

Das Kostüm mit Kopfschmuck aus Federn und einer Lorgnette war für Mademoiselle Nine Ninson in Brüssel vorgesehen.

52 *Anno: 1882* 1934

    Wasserfarben, Graphit und Deckweiß auf grauem Karton, 36,0 x 19,0
    HzL 397, 3

53 *Rococo* um 1930

    Wasserfarben, Graphit und Deckweiß auf grauem Karton, 34,8 x 18,8
    HzL 393, 57

Der Entwurf ist für Marte Western, die Lebende Bilder, Skulpturen und Lichtvisionen in der Scala Berlin stellte. Für sie und ihre Gruppe sind sieben weitere Entwürfe erhalten.

54 *Barberina* 1908

    Wasserfarben, Graphit und Deckweiß auf grauem Karton, 36,2 x 19,0
    HzL 393, 79

Der Entwurf eines Tanzkleides für Mademoiselle Naja in der Rolle "La Barberina" (auch: Barbarina), die in der Haltung einer für sie typischen Pirouette gezeichnet ist. Barbara Campanini (1721–1799), wie sie mit bürgerlichem Namen hieß, war eine bekannte Tänzerin der Rokokozeit, die in Paris, Venedig und Berlin auftrat. Populär war sie auch wegen ihres Liebeslebens. Das Kostüm war vorgesehen für eine Aufführung "Gavote Bacchante" (sic!) 1908 in Paris.

Abb. 45   Rococo, Kat. 56

55 *Rococo* 1919

   Wasserfarben, Graphit und Deckweiß auf
   grauem Karton, 36,3 x 18,9
   HzL 393, 61

56 *Rococo* 1920 (Abb. 45)

   Wasserfarben, Graphit und Deckweiß auf
   grauem Karton, 36,2 x 19,0
   HzL 393, 65

57 *Rococo* 1924

   Wasserfarben, Graphit und Deckweiß auf
   grauem Karton, 36,1 x 18,9
   HzL 393, 56

58 *Fee* um 1930 (Abb. 9)

   Wasserfarben, Graphit und Deckweiß auf
   grauem Karton, 19,0 x 11,4
   HzL 397, 95

Ein mittelalterlich inspiriertes Kostüm mit Schleppe und Hennin, dem typisch zeitgenössischen Kopfputz.

59 *Gainsborough* um 1930

   Wasserfarben und Graphit auf beigem Papier,
   27,0 x 18,8
   HzL 391, 223

Die Herzogin von Devonshire trug einen solchen Hut, als sie der englische Portrait- und Genremaler Thomas Gainsborough (1727–1788) malte. Das Hutmodell wurde jedoch nach ihm benannt.

Das folkloristische Genre

Rund 200 Entwürfe aus der Sammlung Budzinski lassen sich dem Genre Nationaltrachten zuordnen. Die folkloristischen Kostüme waren bereits im 19. Jahrhundert, so Christine Schmitt in ihrer "Geschichte der Artistenkostüme", eine besondere Attraktion. Vor allem exotische Kostüme boten den Flair des Fremden und damit einen erhöhten Reiz. Tiernummern aus den afrikanischen Ländern zogen entsprechende Kostüme nach sich, chinesische oder japanische Kostüme wurden gern für komische Nummern genommen. Doch die Kostümbildner bedienten sich auch bei der europäischen Nationaltracht aus den Alpenländern oder Schottland, in Ungarn, den slawischen Ländern wie Bulgarien und Rußland und bei der spanischen Folklore, die für Sängerinnen und Tänzerinnen lange modern war. Die Stereotypen der jeweiligen Landestracht wurden aufgegriffen und variiert. Zu Beginn des Jahrhunderts kamen auch Amerikanismen auf die Bühne: Als Land der Moderne und des Fortschritts zogen die USA die Aufmerksamkeit auf sich und fanden Eingang auch in Budzinskis Kostümentwürfe. Sie lösten jedoch die anderen folkloristischen Stereotypen nicht ab, exotische und europäisch-folkloristische Entwürfe existierten parallel weiter.

60 *Spanierin* 1926

   Wasserfarben, Graphit und Deckweiß auf
   grauem Karton, 36,0 x 19,0
   HzL 393, 4

61 *Spanische Kostüme* 1938

   Wasserfarben und Graphit auf beigem Papier,
   21,5 x 15,6
   HzL 391, 224

62 *Spanische Anzüge* um 1930

   Wasserfarben, Graphit und Deckweiß auf
   grauem Karton, 18,8 x 17,2
   HzL 397, 85

Zwei Entwürfe für den Kunstreiter José Moeser.

Abb. 46   Slavisch, Kat. 65

63 *Neapel* 1912
> Wasserfarben, Graphit und Deckweiß auf grauem Karton, 36,2 x 18,9
> HzL 391, 38

64 *Ungarn* 1918
> Wasserfarben, Graphit und Deckweiß auf grauem Karton, 36,2 x 19,0
> HzL 395, 45

65 *Slavisch* 1921 (Abb. 46)
> Wasserfarben, Graphit und Deckweiß auf grauem Karton, 36,2 x 19,0
> HzL 391, 7

Budzinski entwarf dieses Kostüm für die Tänzerin Yo-Hara (auch: Jo Hara), die 1921 im *Programm* als portugiesische Tanzdiva erwähnt ist.

66 *Bulgarien* 1933
> Wasserfarben, Graphit und Deckweiß auf grauem Karton, 36,0 x 19,0
> HzL 397, 1

Besonders auffällig sind bei diesem Entwurf für die Tänzerin Didi Spassowa der Kopfputz und der vier Meter weite Reifrock.

67 *Arabisches Kostüm* um 1930
> Wasserfarben und Graphit auf beigem Papier, 19,6 x 12,1
> HzL 391, 60

68 *Negerinnenkostüme* um 1930
> Wasserfarben und Graphit auf beigem Papier, 27,9 x 18,3
> HzL 391, 288

Zwei schwarze Frauen mit hellroten Perücken und sommerlicher Kleidung. Als Kontrastfigur ist eine weiße Frau (nur der Mund ist rot) im weißen Wintermantel und Wintermütze gezeichnet. Die beiden anderen sind reich geschmückt. Die eine trägt einen Bananenrock (Anspielung auf Josephine Baker), ein Sonnenschirmchen und auf dem Kopf eine Palme mit Vogel und Affen.

69 *Bauchtanz* um 1930
> Wasserfarben und Graphit auf beigem Papier, 26,1 x 19,9
> HzL 391, 76

Ein Kostüm aus Augen erinnert an stilisiertes ägyptisches Dekor; es ergibt mit der Haut zusammen ein Gesicht.

70 *Chinesin Gauklerin* um 1930 (Abb. 47)
> Wasserfarben und Graphit auf beigem Papier, 25,7 x 20,0
> HzL 391, 376

Die chinesische Gauklerin, charakterisiert durch die Frisur und einen Schirm, trägt an den Enden ihrer Haarnadeln aufgespießt die typisch deutschen Nahrungsmitteln Semmel und Wurst. Auch das Gesichtskostüm erinnert kaum an die traditionelle chinesische Kleidung.
Ausst. 1987 Kat. Nr. 26/56

71 *Indianerin* um 1930
> Wasserfarben und Graphit auf beigem Papier, 23,0 x 17,4
> HzL 391, 381

72 *Dschungel* um 1930
> Wasserfarben und Graphit auf beigem Papier, 25,0 x 17,6
> HzL 391, 290

Die wilde Bewegung der Tänzerin, die mit Maske und Leopardenfell gezeichnet ist, symbolisiert den Dschungel.
Ausst. 1987 Kat. Nr. 26/56

Abb. 47   Chinesin Gauklerin, Kat. 70

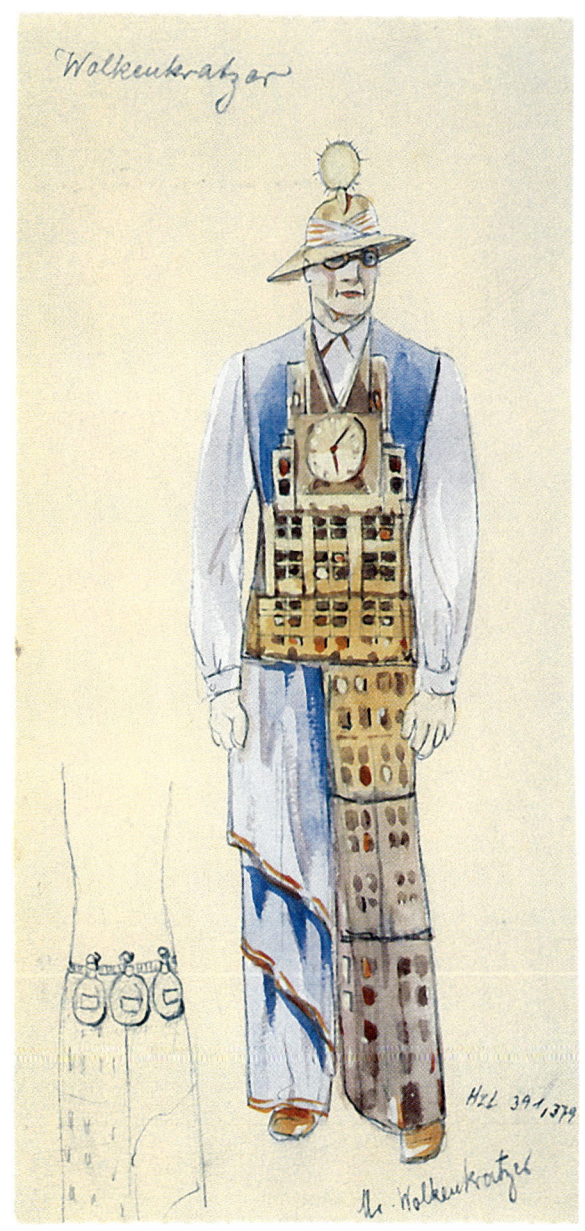

Abb. 48 Wolkenkratzer, Kat. 82

73 Tirolerin

> Wasserfarben und Graphit auf beigem Papier, 18,1 x 14,0
> HzL 391,390

74 *Expressionistische Tirolerin* um 1930 (Abb. 10)

> Wasserfarben und Graphit auf beigem Papier, 18,2 x 13,6
> HzL 391,394

Ausst. 1987 Kat. Nr. 26/56 mit Abb.

75 *Das Wetterhäuschen* um 1930

> Wasserfarben und Graphit auf beigem Papier, 20,0 x 26,5
> HzL 391,346

76 Bäuerin um 1930

> Wasserfarben und Graphit auf beigem Papier, 22,4 x 14,0
> HzL 391,269

Das Kostüm für eine korpulente Frau, die mit Eierkorb und Schirm gewappnet scheint.

77 Schotte um 1930

> Wasserfarben und Graphit auf beigem Papier, 22,4 x 14,0
> HzL 391,387

78 *Schottin* um 1930

> Wasserfarben und Graphit auf beigem Karton, 18,0 x 12,8
> HzL 397,100

79 *International* um 1930

> Wasserfarben und Graphit auf beigem Papier, 26,5 x 19,3
> HzL 391,389

Die internationalen Kostüme beziehen sich auf spanische, italienische, chinesisch-japanische, französische und orientalische Vorbilder.

80 Amerika

> Wasserfarben und Graphit auf beigem Papier, 16,3 x 6,8
> HzL 391,378

Die Stars and Stripes der amerikanischen Fahne sind in einen Herrenanzug übersetzt.

Ausst. 1987 Kat. Nr. 26/56

81 *Amerikaner* um 1930

> Wasserfarben und Graphit auf beigem Papier, 22,9 x 18,9
> HzL 391,281

Zwei Anzüge im nordamerikanischen ländlichen Stil der Weißen, der eine Pfeife rauchend.

82 *Wolkenkratzer* um 1930 (Abb. 48)

> Wasserfarben und Graphit auf beigem Papier, 23,0 x 11,0
> HzL 391,379

Mr. Wolkenkratzer trägt in seinem Anzug zwar die städtische Architektur, aber auch Überbleibsel des amerikanischen Landlebens wie den Kaktus und die Feldflasche mit dem letzten Tropfen Wasser.

Ausst. 1987 Kat. Nr. 26/56 mit Abb.

83 *Revuekostüme* um 1930

> Wasserfarben und Graphit auf beigem Papier, 25,3 x 18,6
> HzL 391,451

Auf einem der Kostüme tritt "Annys Jazzband" auf. Zwei Farbige spielen, selbstverständlich wild, Pauke und Saxophon.

Verkleidungen

Der Kleidertausch von Frauen und Männern war auf den europäischen Bühnen immer wieder ein beliebtes Thema der spielerischen Realität. Erst mit der Entwicklung der Commedia dell'arte betraten Frauen die Bühne, bis dahin spielten ihre Rollen die männlichen Darsteller. Von Beginn an übernahmen die Schauspielerinnen auch Hosenrollen.

Nicht nur im Schauspiel und in der Oper, auch im Varieté und der Revue war das Verkleidungsthema präsent. Doch die Bedeutung für das jeweilige Geschlecht stellt sich als sehr unterschiedlich heraus. Bereits für das 19. Jahrhundert macht Schmitt auf Differenzen aufmerksam. Während sie an den Travestien der Männer entweder Verspottung oder Imitation des Weiblichen festmacht, sieht sie in der Verkleidung der Frauen eher das Gegenteil: "Maskuline Kleidungselemente dienten den Artistinnen des 19. Jahrhunderts meist nur zur Betonung ihrer eigenen Feminität."[15]

Nicht nur im Spiel mit biologischem Geschlecht und dem repräsentierten bzw. assoziierten Geschlecht der Kleidung ergeben sich unterschiedliche Verwirrungen, sondern auch ob ein Mann oder eine Frau sie trägt.

Für den Mann in Frauenkleidern gibt es in Budzinskis Entwürfen nur die Imitation, die auch ironisch überspitzt werden kann (Entwürfe für Max Waldon, Nicola Lupo). Die Artistin dagegen trägt Kleidung, die auf männliche Attribute der Herrengarderobe reduziert ist wie Smoking, Krawatte, Weste, Monokel, Strumpfhalter und Hosenträger. Auch den Uniformen entzogen die Frauen den männlich-militärischen und beruflichen Kontext, indem sie das Thema des Geschlechtertausches in Tanznummern und Grotesken verwandelten und ironisierten.

84 Groteske um 1930

Wasserfarben und Graphit auf beigem Papier, 18,5 x 9,6
HzL 391, 336

85 *Groteske* um 1930

Wasserfarben und Graphit auf beigem Papier, 22,2 x 16,3
HzL 391, 353

Ausst. 1987 Kat. Nr. 26/56

86 *Brille* um 1930

Wasserfarben und Graphit auf beigem Papier, 25,7 x 17,1
HzL 391, 320

87 *Matrose* um 1930

Wasserfarben und Graphit auf beigem Papier, 18,7 x 12,2
HzL 391, 313

Ein Kostüm im Stil des Jahres 1830 für Marte Western. Eine Zigarette rauchend, lässig an einen Baumstamm gelehnt, umgeben von ihrem Reisegepäck, Hund und Vogel symbolisiert sie Freiheit, Unabhängigkeit und Reiselust.

88 Page 1929

Wasserfarben, Graphit und Deckweiß auf grauem Karton, 36,2 x 19,0
HzL 395, 5

Das Kostüm erinnert an Uniform von Hotelpagen. Wie auf dem Entwurf angedeutet, handelt es sich um einen Rollschuhkunstlauf des Zwillingspaares Mia und Gerti. Sie waren in den zwanziger Jahren Spezialistinnen auf diesem Gebiet.

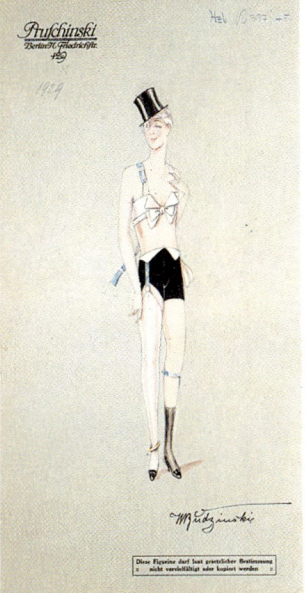

Abb. 49 Kat. 90, 91 und 92

89 Page 1926

    Wasserfarben und Graphit auf beigem Karton, 36,8 x 19,0
    HzL 397, 28

90 *Smoking* 1926 (Abb. 49)

    Wasserfarben, Graphit und Deckweiß auf grauem Karton, 36,2 x 19,0
    HzL 397, 38

91 *Charleston* 1925 (Abb. 49)

    Wasserfarben, Graphit und Deckweiß auf grauem Karton, 36,1 x 19,0
    HzL 393, 127

Ein Smoking für eine Tänzerin.

92 *Smoking* 1929 (Abb. 49)

    Wasserfarben, Graphit und Deckweiß auf grauem Karton, 36,2 x 19,0
    HzL 397, 45

93a Soldaten um 1930 (Abb. 50)

    Wasserfarben und Graphit auf beigem Papier, 18,2 x 13,2
    HzL 391, 301

93b Soldaten um 1930 (Abb. 50)

    Wasserfarben und Graphit auf beigem Papier, 18,3 x 13,0
    HzL 391, 302

Die Entwürfe zeigen Spieluniformen. Ihr Einsatz als Bühnenkostüme, die zudem noch von Frauen getragen werden, ent-

Abb. 50   Soldaten, Kat. 93 a und b

fremdet und ironisiert ihren militärischen Zweck. Betont wird die Ironie durch die bunten Farben; diese wiederum gebrochen durch den Totenkopf auf einem der Helme. Die Kostüme sind mit Preisen versehen.

94 a Kurze Revuekostüme um 1930

    Wasserfarben und Graphit auf beigem Papier, 21,4 x 26,9
    HzL 391, 236

94 b Kurze Revuekostüme um 1930

    Wasserfarben und Graphit auf beigem Papier, 21,8 x 19,8
    HzL 391, 227

Die fünf Kostüme bestehen aus kurzen Hosen und dem männlichen Justeaucorps des 18. Jahrhunderts. Sie sind durchnumeriert und sollten aus edlen Stoffen angefertigt werden (Velvet, Brokat, Silberspitze, Velours, Lamé).

95   Wintersport um 1930

    Wasserfarben und Graphit auf beigem Papier, 22,3 x 16,0
    HzL 391, 276

Herrenkostüm mit Skier.

96   *Eishockey* 1929

    Wasserfarben, Graphit und Deckweiß auf grauem Karton, 36,1 x 19,0   HzL 395, 20

Das Eislaufkostüm für das Tanzpaar Rose und Honey zeigt die Vereinnahmung eines Hockey-Kostüms, vorgesehen für einen ausgesprochenen Männersport, als Revuekostüm für Frauen. Die Erfordernisse des Sports weichen geschlechtsspezifische Zuweisungen der Kleidung auf. Der Hockeyschläger ist derart überdimensioniert, daß das Kostüm einen ironischen Charakter bekommt.
Ausst. 1987 Kat. Nr. 26/56

97 Anzüge um 1930
    Wasserfarben und Graphit auf beigem Papier, 23,0 x 17,3
    HzL 391, 272

Die Kostüme erinnern an die futuristischen Modeentwürfe Giacomo Ballas (1871–1958), in denen er sich in Mustern, Schnitten und Farben von den traditionellen männlichen Anzügen gelöst hatte.

98 Kostümmantel 1932
    Wasserfarben, Graphit und Deckweiß auf grauem Karton, 19,0 x 12,3
    HzL 397, 88

Ein Bühnenmantel für den rumänischen Verwandlungskünstler Nicola Lupo (1892–1958), der berühmte Frauen und Männer imitierte. Von 1947 bis 1954 leitete er nach Marion Spadoni den Friedrichstadtpalast in Berlin.

99 Zwitter 1934
    Wasserfarben, Graphit und Deckweiß auf grauem Karton, 36,2 x 19,0
    HzL 393, 100

Das Kostüm ist für eine Pantomime als halbe Frau und halber Mann vorgesehen. Eine Narzisse charakterisiert den weiblichen, das Monokel, die Zigarette und der Bart den männlichen Teil der androgynen Figur.
Ausst. 1987 Kat. Nr. 26/57

Clowns und andere spezielle Spartenkostüme

Budzinskis Clownkostüme knüpfen an verschiedene Traditionen an. Zum Teil gehen sie auf die Commedia dell'arte oder mittelalterliche Narren wie Till Eulenspiegel zurück. Manche Typisierungen wie der Dumme August und der Weißclown entstanden erst später. Andere Entwürfe greifen auf avantgardistische Strömungen wie den Dadaismus oder eine suprematistische, konstruktivistische Formensprache zurück. Die Fähigkeiten der Clowns sind sehr vielseitig. Sie wissen die Akrobatik, die Musik, die Sprache und die Pantomime für ihre Auftritte zu nutzen. Sie sind sowohl komisch als auch traurig. Ein Teil von Budzinskis Entwürfen war für Tänze gedacht, worauf seine Beschriftungen der Blätter wie Narrentanz oder Namen von Tänzern hinweisen. Bei anderen ist die Verwendung unklar.
Andere artistische Kostüme weisen sofort auf die Art der Nummer hin: das Schlangenkostüm auf die spezifisch artistische Leistung der Kontorsion, das Trikot mit den Ringen auf eine Trapeznummer.

100 Harlekin 1931
     Wasserfarben und Graphit auf beigem Papier, 22,0 x 14,1
     HzL 391, 255

Ein Herrenkostüm für Eric, vom Tanzpaar Evelyne und Eric.

101 *Pierrot* um 1930

Wasserfarben und Graphit auf beigem Papier, 22,4 x 16,0
HzL 391, 345

Die historische Pierrot-Figur ist eng mit dem Namen Jean Gaspard Debureau verbunden, der seine Pantomimen stumm aufführte. Eine beeindruckende Hommage gelang Jean-Louis Barrault mit seiner Darstellung Debureaus in *Les Enfants du Paradis*, einem Film Marcel Carnés, der zwischen 1943 bis 1945 entstand. Budzinskis Entwurf stützt sich ebenfalls auf dieses melancholische Vorbild.

102 *Pierrot* 1928

Wasserfarben, Graphit und Deckweiß auf grauem Karton, 36,2 x 19,0
HzL 391, 4

Ein Kostüm für die Tänzerin Wanda Weiner.

103 *Pierrot* 1928

Wasserfarben, Graphit und Deckweiß auf grauem Karton, 36,2 x 19,0
HzL 391, 3

104 *Narr* um 1930

Wasserfarben, Graphit und Deckweiß auf grauem Karton, 19,0 x 13,6
HzL 391, 153

Ein Kostüm, das mit Fransen und einem Spiegel an Till Eulenspiegel erinnert. Der Entwurf war für einen Narrentanz der Tänzerin Irjela Kauko bestimmt.

105 *Der Hampelmann* 1931

Wasserfarben, Graphit und Deckweiß auf grauem Karton, 18,3 x 10,8
HzL 391, 152

Ein Entwurf für die zwei Revels, die mit einer Pantomime im Wintergarten irritierten: Was verbirgt sich wohl hinter einer Puppe, ein Mensch oder doch die Puppe?

106 *Hampelmann* 1931

Wasserfarben und Graphit auf beigem Papier, 18,4 x 12,9
HzL 391, 254

Der Entwurf des roten Hampelmanns, dessen eingeschnittene Zipfel in bunten Farben gefüttert sind, war für eine Englandtournee Mr. Revels vorgesehen.

107 *Penner* um 1930

Wasserfarben und Graphit auf beigem Papier, 14,3 x 10,0
HzL 391, 429

Der Dumme August erscheint als neuer Typ des Komisch-Naiven Ende des 19. Jahrhunderts.

108 *Clown* um 1930

Wasserfarben und Graphit auf beigem Papier, 22,5 x 13,6
HzL 391, 284

Eine Variante des Dummen August, dessen komische Erlebnisse schon allein durch seine zu großen Schuhe ahnbar sind.

109 *Clown* um 1930

Wasserfarben und Graphit auf beigem Papier, 22,4 x 14,4
HzL 391, 283

Bei diesem Entwurf wird die schicke Kleidung mit Handschuhen, Fliege und Monokel karikiert. Als Schmuck trägt er einen Schmetterling auf dem Hut.

110 Clownin um 1930

Wasserfarben und Graphit auf beigem Papier, 23,9 x 8,1
HzL 391, 430

Durch ein viel zu großes Männerkostüm wirkt die Figur bereits komisch-traurig.

111a Clown um 1930

Wasserfarben und Graphit auf beigem Papier, 21,7 x 14,0
HzL 391, 334

Der Gegenspieler des Dummen August ist der Weißclown. Er ist weiß geschminkt und trägt einen reich verzierten Anzug aus Kniepumphose und passender Jacke, die Hüften und Schultern betont.

111b Clown um 1930

Wasserfarben und Graphit auf beigem Papier, 21,5 x 11,8
HzL 391, 328

Eine weitere Variante des Weißclowns, dessen Kostüm als Blume erscheint. Durch den Kopf trägt er einen Zweig, auf dem Vögel zwitschern.

112 Clownin um 1930

Wasserfarben und Graphit auf beigem Papier, 25,0 x 17,3
HzL 391, 282

Ein weibliches Kostüm mit Jacke, gemusterter Hose, Schal und Topfhut, in seitlicher Pose und von vorne.

113 Noni um 1930

Wasserfarben und Graphit auf beigem Papier, 26,6 x 18,9
HzL 391, 398

Eine farbige Clownsjacke für den Musikclown Noni.

114 Kaffeewärmer und Wollpuppe 1930

Wasserfarben und Graphit auf beigem Papier, 18,9 x 26,8
HzL 391, 206

115 Clown Dada um 1920 (Abb. 4)

Wasserfarben und Graphit auf beigem Karton, 15,2 x 9,7
HzL 391, 456

116 Clownpaar um 1930 (Abb. 51)

Wasserfarben und Graphit auf beigem Papier, 23,2 x 15,6
HzL 391, 350

117 *Dancing Dolls* um 1930

Wasserfarben und Graphit auf beigem Papier, 18,6 x 9,4
HzL 391, 352

118 *Dancing Dolls* um 1930

Wasserfarben und Graphit auf beigem Papier, 18,5 x 12,5
HzL 391, 331

119 Clown um 1930

Wasserfarben und Graphit auf beigem Papier, 19,0 x 5,8
HzL 391, 340

Der Entwurf wirkt, als habe sich Budzinski von Piet Mondrians (1872-1944) Bildern, seinen farbigen Rechtecken auf weißem Grund, inspirieren lassen.

Ausst. 1987 Kat. Nr. 26/57 mit Abb.

120 Clown um 1930 (Abb. 52)

Wasserfarben, Graphit und Flitter auf beigem Papier, 24,1 x 9,3
HzL 391, 330

Ausst. 1987 Kat. Nr. 26/57

Abb. 51 Clownpaar, Kat. 116

110

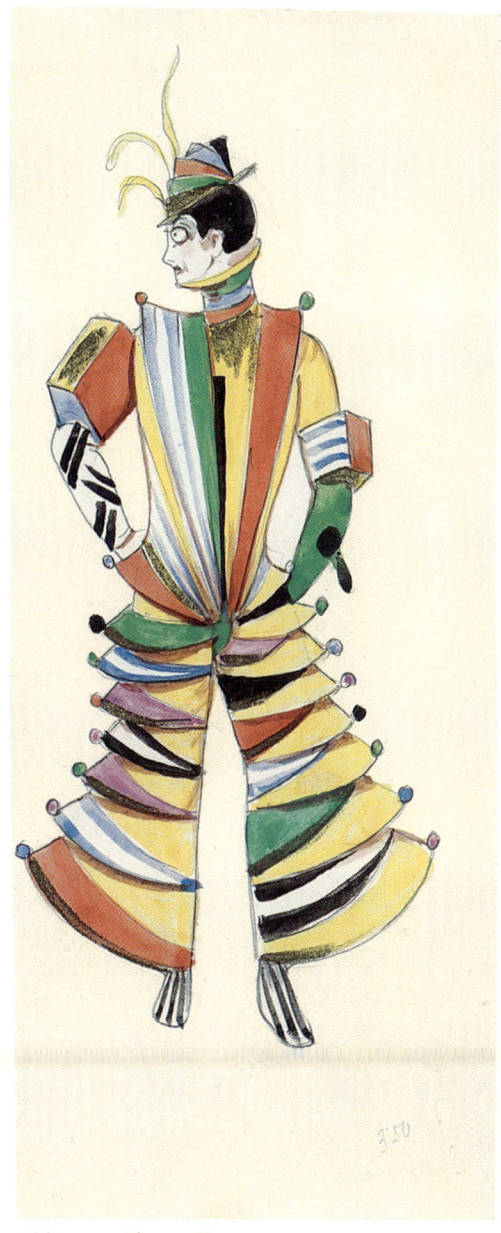

Abb. 52 Clown, Kat. 120

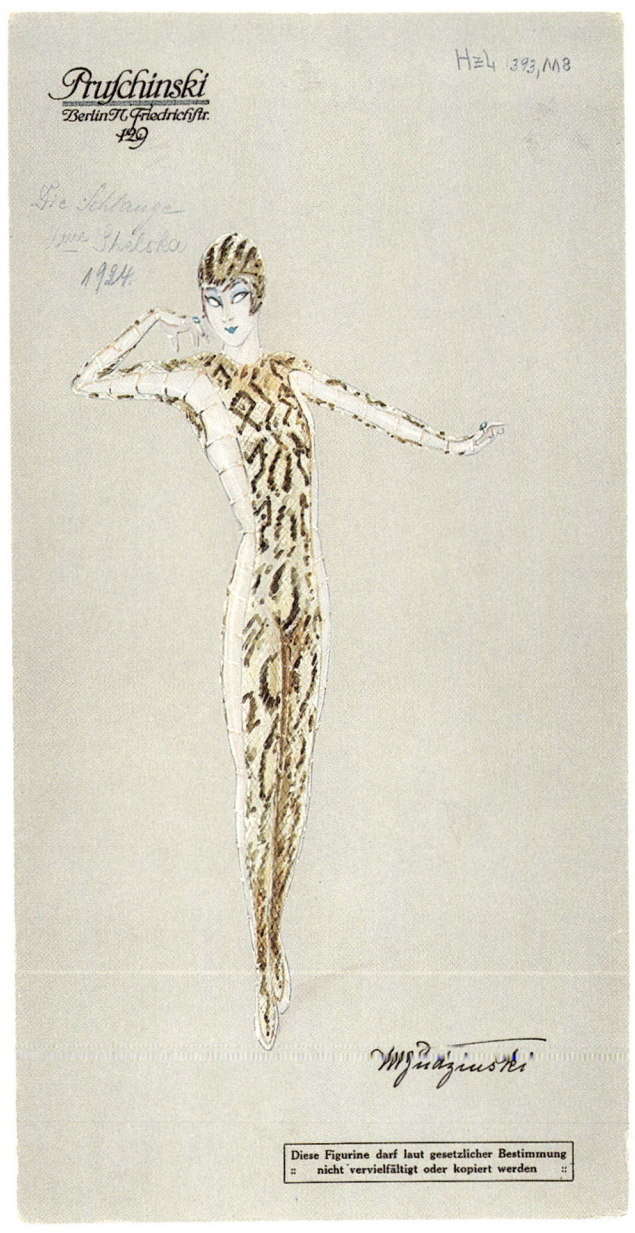

Abb. 53   Schlange, Kat. 121

121 *Schlange* 1924 (Abb. 53)

> Wasserfarben, Graphit und Deckweiß auf grauem Karton, 36,2 x 19,0
> HzL 393, 118

Das Schlangenkostüm begann sich Ende des 19. Jahrhunderts bei kontorsionistischen Varieténummern durchzusetzen. Es unterstützt die unheimliche Wirkung der körperlichen Beweglichkeit. Dieses Kostüm war für Madame Shelska bestimmt. Ausst. 1987 Kat. Nr. 26/56

122 Trikot 1910

> Wasserfarben, Graphit und Deckweiß, 36,3 x 19,0
> HzL 397, 71

Ein typisches Kostüm für eine Trapeznummer an Ringen.

123 a *Romanos* 1935

> Wasserfarben und Graphit auf beigem Papier, 18,4 x 12,9
> HzL 391, 256

123 b *Romanos* 1935

> Wasserfarben und Graphit auf beigem Papier, 18,3 x 12,9
> HzL 391, 251

Hertha Romanos war die Leiterin der gleichnamigen Akrobatengruppe. Für sie entwarf Budzinski zwei Trikots mit Mantel für den "größte(n) Gladiatoren-Akt der Welt" wie die Romanos-Truppe mit Pruschinski-Kostümen warb.[16] Die Gruppe war jedoch nicht nur auf eine Kostümfirma festgelegt, sie war auch Kundin der Firma Verch.

Die "Liliputanergruppe" Schaefers

Zu einer besonderen Attraktion innerhalb das Artistengewerbes gehörten Abnormitätenshows, die das Sensationsbedürfnis des Publikums befriedigen sollten. Zu den Abnormitäten zählten neben Haarmenschen, Bartfrauen, Rumpfmenschen, Armlosen, Halbmenschen, Albinos, Vogelköpfen, Doppelmenschen, Kolossen, Haut- und Knochenmenschen auch Zwerge und Riesen. Mit der Professionalisierung, der starken Ausbreitung des Artistengewerbes und der Agenten veränderten sich die Berufe. Das Zurschaustellen reichte oft nicht mehr aus, es wurden zusätzlich künstlerische und athletische Leistungen erwartet.

Vor diesem Hintergrund entwickelten sich Gruppen von Artistinnen und Artisten, die ihre Kleinwüchsigkeit miteinander verband wie die Schaefers oder The Ritter Midgets. Unter dem Namen "Schaefer" arbeiteten seit Mitte der zwanziger bis zu den fünfziger Jahren in wechselnder Besetzung bis zu vierzig Menschen zusammen. Ihr Repertoire war ein Varieteprogramm, das sich von den traditionellen Einrichtungen nur dadurch unterschied, daß es von kleinen Menschen präsentiert wurde. Es umfaßte alle erforderlichen Nummern wie Akrobatik, Tanz und Pantomimen. Als die Schaefers 1926 im *Programm* mit neuen Pruschinski-Kostümen warben, wurde ihre "Liliputrevue" begeistert aufgenommen. Auch wenn die Kritik die kleinen Menschen primär niedlich wahrnahm und häufig sprachliche Verkleinerungsformen anwandte, so fanden ihre Leistungen Anerkennung: "Wir sehen reizende Spitzentänzerinnen, Schlangenmenschen, Künstler am Trapez und im Parterre, die Handstände in unübertrefflicher Exakt-

Abb. 54 Josef, Kat. 127

Abb. 55 Jockey, Kat. 128

115

heit bieten, ferner Straßenmusikanten und Kunstreiter". Und auch die Kostüme genossen Bewunderung: "Phantasievoll und prächtig sind ihre Kleider, genau dem Charakter der Figuren und ihren Darbietungen angepaßt."[17] Die Schaefers gelangten wie ihre "großen" Kollegen zu Starruhm. William Budzinski hat mehrmals Kostüme für die Schaefers entworfen. In der Kunstbibliothek sind allein 36 Entwürfe überliefert. Pro Blatt sind meist mehrere Kostüme gezeichnet, die den jeweiligen Artisten namentlich zugeordnet sind. Trotz der Kleinwüchsigkeit schenkte Budzinski seinen Entwürfen für die Schaefers die gleiche Sorgfalt, Ernsthaftigkeit und Aufmerksamkeit wie der anderen Kundschaft. Auch auf zeitgenössischen Fotografien sind die Schaefers immer vornehm gekleidet. Die Entwürfe zeigen Märchenfiguren (Rotkäppchen, Dornröschen, Der gestiefelte Kater, Zwerge), Clowns (Hampelmann, Narr, Jazzclown, Stallmeister), Tanzkostüme (Tänzerinnen, Tanzmeister, Charleston), Spielfiguren (Nußknacker, Spieluhr, Pfefferkuchenherz) und Trachten.

124 *Schaefers* um 1930

Wasserfarben und Graphit auf beigem Papier, 26,3 x 19,8
HzL 391, 191

Der Geige spielende Tanzmeister trägt ein historisches Kostüm, der Charleston-Tänzer einen rot weißen Frack und eine weibliche Figur ein kurzes Tanzkostüm.

125 *Schaefers* um 1930

Wasserfarben und Graphit auf beigem Papier, 26,9 x 20,0
HzL 391, 443

Der Jockey und der Stallmeister, eine uniformierte Figur, die im Zirkus die Ansagen einzelner Nummern übernahm. Im Zusammenspiel mit dem Dummen August und dem Weißclown entwickelte er eine eigene Komik.

126 *Schaefers* um 1930

Wasserfarben und Graphit auf beigem Papier, 19,9 x 27,0
HzL 391, 286

Die Figurine "Jazz" ist als bunter Landstreicher gezeichnet, die mit Schellen auf dem Hut und Ziehharmonika musiziert. Der Clown daneben steckt in einem viel zu großen Kostüm und Schuhen, die Hände trägt er in die Hosentaschen gesteckt und schaut mit offenem Mund nach oben.

127 *Josef* um 1930 (Abb. 54)

Wasserfarben und Graphit auf beigem Papier, 18,6 x 16,3
HzL 391, 212

Ein Narr baumelt mit zwei Armen und einem Bein über einer Kiste. Außer seinem typischen Rautenkostüm mit Bommeln trägt er eine schwarze Halbmaske und einen Hut, auf dem ein Vogel sitzt.

128 *Jockey* um 1930 (Abb. 55)

Wasserfarben und Graphit auf beigem Papier, 22,5 x 14,7
HzL 391, 210

Die Westen- und Hemdknöpfe der Jockeyfigur ergeben ein Gesicht.

129 *Spieluhr* um 1930

Wasserfarben und Graphit auf beigem Papier, 19,9 x 26,4
HzL 391, 192

116

Abb. 56 Hummel-Hummel, Kat. 130

Auf einem Brett mit einer Kurbel, die den Mechanismus der Spieluhr andeutet, stehen zwei weibliche Figuren in biedermeierlichen Kostümen. Die eine versucht der anderen Kaffee einzuschenken.

130 *Hummel-Hummel* um 1930 (Abb. 56)
    Wasserfarben und Graphit auf beigem Karton, 18,8 x 11,5
    HzL 395, 41

Für die Varieténummer "Hummel-Hummel" im Wintergarten zeigt der Entwurf die Vorderseite und Rückseite eines Clowns, der von vorne einen weißen Mann darstellt und von hinten einen schwarzen Mann, an den eine Puppe gebunden ist.

131 *Schaefers* um 1930
    Wasserfarben und Graphit auf beigem Papier, 22,5 x 29,3
    HzL 391, 194

Die Entwürfe fußen auf bekannten Geschichten bzw. Spielzeug: "Max und Moritz" auf Wilhelm Busch, "Rotkäppchen" auf Grimms Märchen und der Hampelmann auf einem beweglichen Kinderspielzeug.

132 *Schaefers* um 1930
    Wasserfarben und Graphit auf beigem Papier, 11,5 x 29,3
    HzL 391, 193

Der gestiefelte Kater ist ein weiteres Märchen. Engel, Pfefferkuchenherz und Nußknacker nehmen vorweihnachtliche Stimmungen auf.

133 *Schaefers* um 1930 (Abb. 57)
    Wasserfarben und Graphit auf beigem Papier, 29,3 x 22,5
    HzL 391, 190

Die sieben Figuren assoziieren Grimms Märchen. Die beiden Hofdamen, der König mit seinem Purpurmantel und die beiden Köche erinnern an Dornröschen. Während der Koch gebratene Hähnchen mit Blumengarnitur balanciert, haben sich auf dem Brotturm des Konditors noch Vögel niedergelassen. Das Apfelmädchen, das einen giftigen Apfel vor sich her trägt, kann als Symbol für Schneewittchen stehen. Die Märchen waren nur Grundlage, denn dank ihres Bekanntheitsgrades konnte frei über die Motive verfügt werden.

134 *Weihnachtsrevue* um 1930
    Wasserfarben und Graphit auf beigem Papier, 14,7 x 22,6
    HzL 391, 211

Budzinski entwarf hierfür Phantasiefiguren: Schatzträger, Magier, Narr und Pagen.

135 Berenice um 1930
    Wasserfarben und Graphit auf beigem Papier, 19,9 x 9,2
    HzL 391, 217

136 Berenice um 1930
    Wasserfarben und Graphit auf beigem Papier, 13,9 x 16,0
    HzL 391, 216

Berenice gehört zur Liliputanergruppe "Ritters Midgets". Das Tanzkleid hat eine mit Straß besetzte Taille, der Tüllrock läuft mit Straußfedertransen aus.

Sterne des Varietés

Die Stars oder Sterne des Varietés, die Budzinski ankleidete, erfreuten das Publikum, während Kritiker und Intellektuelle bis auf

Abb. 57   Schaefers, Kat. 133

wenige Ausnahmen dieser Kultur eher reserviert gegenüberstanden und heute noch stehen. Die Verehrung, die den sehr verschiedenen Idolen entgegengebracht wurde, beruhte nicht auf der Person allein, sondern auf deren Stilisierung, zu der nicht zuletzt die Kleidung wesentlich beitrug.

"Für alle Sterne des Varietés", so charakterisierte William Budzinski die Kundschaft, für die er in seinem Kostümatelier entwarf.[18] Er schuf ihnen Kostüme, die das Typische an ihnen unterstreichen sollten. Darunter sind viele, die heute vergessen sind; an einige soll hier erinnert werden.

137   *Max Waldon* 1910 (Abb. 58)
    Wasserfarben, Graphit und Deckweiß auf grauem Karton, 36,2 x 19,0
    HzL 393, 90

Ein Frauenkostüm im Biedermeierstil "anno 1860" für Max Waldon, der im Apollo-Theater auftrat. Ob im Tutu oder in einem spanischen Frauentanzkostüm, Max Waldon imitierte alle Tänzerinnen. Der bekannte Damenimitator war für Budzinskis Visitenkarte ein guter Werbefaktor.

138   *Barbette* 1925
    Wasserfarben und Graphit auf grauem Karton, 36,3 x 19,0
    HzL 397, 21

Barbette, mit bürgerlichem Namen Vander Clyde (1899–1973), trat als weiblicher Schauspieler, Trapezartist und Seiltanzer auf. In den zwanziger und dreißiger Jahren war er im internationalen Varieté sehr populär, vor allem in Paris. Doch auch in Berlin trat er im Wintergarten auf. Der Filmemacher Jean Cocteau war sehr beeindruckt von seiner Kunst der Verkleidung, der Verkörperung sowohl des Weiblichen als auch des Männlichen und gab ihm eine Rolle in *Le sang d'un poète*, einem Film von 1930.

139   *Fern Andra* 1915
    Wasserfarben, Graphit und Deckweiß auf grauem Karton, 36,2 x 19,0
    HzL 393, 31

Budzinski entwarf für Fern Andra ein typisches Herrenkostüm im Spätbarockstil, bestehend aus Kniehose, Weste und Justeaucorps. Dagegen sind Muff und Hut typisch weibliche Accessoires.

Fern Andra (1893–1973), Amerikanerin, war ein Star des frühen Stummfilms. Als Schauspielerin, die selbst Drehbücher verfaßte und ihre eigene Produktionsfirma unterhielt, legte sie Inhalte und Form ihrer Filme fest. Thema waren fiktive weibliche Lebensgeschichten, die häufig um das Motiv des Glücks und der Entscheidung zwischen Liebe, Arbeit und Kindern, zwischen bürgerlicher und künstlerischer Welt kreisten. Ihr Arbeitspensum war groß. Allein im Ersten Weltkrieg produzierte sie mehr als 80 Filme.

Mit Budzinski oder seiner Frau unterhielt sie freundschaftliche Kontakte. Viele der möglichen Entwürfe für ihre Filme sind nicht nachweisbar, da sich im frühen Film (und erst recht, wenn es sich nicht um den Kunstfilm handelt) keine Hinweise auf Kostümbildner finden. Sicher entwarf Budzinski für sie 1924 ein Kostüm für den Drahtseilakt in dem Film *Die Liebe ist der Frauen Macht*, in dem sie eine Drahtseilartistin spielt.[19] Fern Andra führte auch in diesem Film die artistischen Vorführungen selbst aus. Die Kritik war von ihren Filmen

Abb. 58   Max Waldon, Kat. 137

insgesamt nicht begeistert. Sie warf ihr Manieriertheit und ihren Geschichten Kolportage vor. Zu ihrer Rolle der Drahtseilartistin fiel ihnen nur auf: "Die schöne Fern wird ein wenig rundlich."

140   *Lucy Kieselhausen* 1918

    Wasserfarben, Graphit und Deckweiß auf grauem Karton, 36,3 x 19,0
    HzL 393, 93

In einem Biedermeierkostüm stehend, schiebt Lucy Kieselhausen (1897–1927) einen Vorhang bzw. Theatervorhang zur Seite. Sie war Schülerin von Grete Wiesenthal und trat das erste Mal 1913 in Wien auf. Sie war eine klassische Tänzerin, die jedoch auch den Ort des Varietés für ihre Tänze zu nutzen wußte. Kieselhausen starb an den Folgen einer Explosion ihres Badeofens. In einem Nachruf schrieb der Kritiker Walter Kujowski: "In Erinnerung bleibt uns aus dem Tanzwirrwarr der letzten zehn Jahre als eines der liebsten – ihr Bild. Lucy Kieselhausens Lächeln über bauschigen altwiener Krinolinen."[20]

141   *Alice Rejane* um 1920

    Wasserfarben, Graphit und Deckweiß auf grauem Karton, 36,2 x 19,0
    HzL 395, 49

Auch die Tänzerin Alice Rejane gab Budzinski auf seiner Visitenkarte als Referenz an, so daß auf ihren großen Bekanntheitsgrad in den zehner Jahren in Insiderkreisen geschlossen werden kann. Dieser Entwurf läßt einen ausgesprochen transparenten Stoff vermuten, mit dem sie in ihrem Tanz spielen konnte.

Portraitfotografien

142   Portrait William Budzinskis 1893 (Abb. 1)

    Fotografie von Bunzel & Sohn, Berlin
    Cabinet, 14,4 x 10,0
    Lipp B 1

143   Portrait William Budzinskis 1906 (Abb. Frontispiz)

    Fotografie von Otto Becker & Maass, Berlin
    Cabinet, 19,4 x 9,7
    Lipp B 1

144   Portrait William Budzinskis 1908

    Fotografie
    Postkarte, 13,8 x 8,7
    Lipp B 1

145   Portrait William Budzinskis 1908

    Fotografie
    Postkarte, 13,8 x 8,7
    Lipp B 1

Starfotografien

Aus Budzinskis früher Schaffenszeit sind einige Fotografien erhalten, die uns Aufschluß über seine Entwürfe und Kostüme geben. Es sind Fotografien von Artistinnen und Artisten, für die er arbeitete. Sie sandten ihm ihre Portraitkarten und Autogramme, um ihm zu danken oder mit ihm wegen Kostümfragen zu verhandeln.

146   Szenenfoto *Haifischgruppe* 1899 (Abb. 2)

    Fotografie von R. Schwertführer
    Cabinet, 14,0 x 21,6
    Lipp F 962, 27

Das Haifischballett, deren Kostüme Budzinski entwarf, stammt aus der Operette

Abb. 59 Frau Kapp, Kat. 148

König Aqua, die im November 1901 am Apollo-Theater uraufgeführt wurde. Das Libretto schrieben Max Nowack und Leo Herzberg, die Musik komponierte Reinhold Ehrke.

147   Rollenportrait *Frida Dähn als Commère* 1899

    Fotografie von Carl Müller, Berlin
    Cabinet, 18,8 x 9,5
    Lipp F 962, 25

Frida Dähn, ihr Künstlername war Frid-Frid, war als Soubrette am Metropol-Theater etwa von 1898 bis 1905 engagiert. Die Rolle der Commère spielte sie allerdings nicht in der von Budzinski angegebenen Revue *Berlin lacht* von 1899. Die Fotografie widmete sie auf der Rückseite William Budzinski: "Feste drauf durch dick und dünn, immer nur auf's ganze. Berlin 25. 9. 99. die Berliner Pflanze". Das Kostüm wurde von der Firma Hugo Baruch hergestellt.

148   Portrait *Frau Kapp* 1910 (Abb. 59)

    Fotografie
    Cabinet, 19,8 x 13,8
    Lipp F 962, 34

Frau Kapp trat als Tanzsängerin im Passage-Theater Unter den Linden auf, das sich neben Apollo-Theater und Wintergarten als das dritte internationale Varieté Berlins etablierte. Das Kostüm entwarf und realisierte Budzinski.

149   Los Floridos (Abb. 60)

    Fotografie von Georg Gerlach, Charlottenburg
    koloriert, mit Flitter, 29,0 x 19,8
    Lipp F 962, 7

Die Kostüme für Marianne und Clotilde Florido entwarf Budzinski.

150a *Saharet* 1906 (Abb. 61)

    Fotografie von Georg Gerlach, Charlottenburg
    Postkarte, 13,8 x 8,6
    Lipp F 962, 6 l. u.

150b *Saharet* 1906

    Fotografie von Georg Gerlach, Charlottenburg
    Postkarte, 13,7 x 8,6
    Lipp F 962, 6 r. u.

Das Kostüm für Saharet stammt aus den Werkstätten Pruschinski.

151   Postkarte Heros an Budzinski 1909

    Fotografie
    Postkarte, koloriert, 13,5 x 8,6
    Lipp F 962 (lose)

Otto Manemann, der Mann oder Agent von Hero, schrieb 1909 eine Postkarte an die Firma Pruschinski mit der Bitte, das fertige Kostüm ohne Zeichnung nach Dresden zu senden. Das Motiv der Postkarte ist die in einem Trikot abgebildete Artistin Hero, die Budzinski auch als Referenz angab.

152   Tanzfoto *Oscar und Suzette* 1912

    Fotografie von R. Schwertführer
    Postkarte, 13,5 x 8,6
    Lipp F 962, 20 l.

Abb. 60 Los Floridos, Kat. 149

Oscar und Suzette waren ein modernes Gesellschaftstanzpaar, mit dem auch Budzinski für sich warb. Suzette schrieb aus Wien an Budzinski und erklärte sich mit dem Preis für ein Kleid einverstanden. Oscar sandte auf der Ansichtsseite Grüße.

153 Autogrammkarte *Fornarina* 1913

> Fotografie von C.Y.C., Madrid
> Postkarte farbig, 14,0 x 8,8
> Lipp F 962, 32 l.

Consuela Fornarina trat als spanische Vortragskünstlerin vor dem Ersten Weltkrieg auf. Ihr Kostüm entwarf und realisierte Budzinski.

154 Tanzfoto *Rastus und Banks* mit Widmung 1914

> Fotografie von Residenz-Atelier, Wien
> Cabinet, 22,6 x 16,7
> Lipp F 962, 33

Rastus und Banks galten als erste "schwarze" Entertainer des Cakewalk, eines Paartanzes, der zu Beginn des 20. Jahrhunderts als Gesellschafts- und Varietétanz von den USA nach Europa kam. Ihre Kostüme entwarf und realisierte Budzinski. Er warb mit ihnen für seine Kostüme, und sie mit seinen Kostümen für ihre Tänze. Mit dieser Fotografie warben die Tänzer im *Programm* Nr. 612 von 1913.

155 *Rajah* 1914

> Fotografie von White, New York
> Cabinet, 18,4 x 12,6
> F 962, 26

Mit der Schlangentänzerin Rajah warb Budzinski auch für seine Kostüme. Sie trat 1914 im Wintergarten auf; die Korrespondenz dieses Jahres mit Budzinski ist erhalten (siehe S. 24). Das abgebildete Kostüm entwarf und realisierte Budzinski.

156 Postkarte Victorias an Budzinski 1915

> Fotografie von Georg Gerlach, Berlin (Charlottenburg)
> Postkarte, 13,5 x 8,6
> F 962 (lose)
> Transkription siehe S. 24

Abb. 61 Saharet, Kat. 150 a

127

Anmerkungen

1 Zur Bobinettechnik vgl. Friedrich Schöner: Spitzen. Encyklopädie der Spitzentechniken. Leipzig 1980, S. 191 ff.
2 Barbara de Groot: Restaurierungsprobleme mit Seide, Tand und Flitter, in: Mode der Zwanziger Jahre. Katalog Berlin Museum, Berlin 1991, S. 46.
3 Leopoldine Auzinger: Das Bühnenkostüm in der Gegenwart, in: *Das Programm*, 1924, Nr. 1171, S. 16, beschreibt Notwendigkeit und Wirkung von Kostümen, besonders im Varieté:
"Das Modell eines Brokatmantels wirkt wie der Madonnenmantel eines Gemäldes aus dem 13. Jahrhundert, nur steht er nicht in so steifen Falten wie ein solcher, sondern schmiegt sich eng an die Figur. Es ist gelackter Brokat, der Grund blau. Die reichen Metalleffekte, die das Licht auffangen, wirken wie das Schillern einer Schlange."
4 Zu Marie Geistinger vgl. S. 44.
5 Zu Pauline Hallmann vgl. S. 14 f. und Kat. Nr. 16.
6 Freundlicher Hinweis von Mario Gräfe, Zoologischer Präparator am Berliner Stadtmuseum.
7 Zu Pauline Hallmann vgl. S. 14 f. und Kat. Nr. 15.
8 Dazu Rudolf Kinzel: Die Modemacher. Die Geschichte der Haute Couture. Wien/Darmstadt 1990, S. 27.
9 Ingrid Loschek: Reclams Mode- und Kostümlexikon. Stuttgart 1988, S. 352.
10 Zur Problematik von Perlen- und Paillettenschmuck (Pailletten wurden ebenfalls aus Gelatine hergestellt) an Kostümen der zwanziger Jahre liegt eine Diplomarbeit vor. Hierfür wurde ein Rock aus der Sammlung Budzinski mit sich auflösenden schwarzen Perlen und Pailletten genauer untersucht. Ulrike Herrklotzsch: Perlen und Pailletten an Kostümen der zwanziger Jahre. Unveröffentlichte Diplomarbeit an der Fachhochschule Köln, Fachbereich Restaurierung (Textilien) 1998.
11 Vgl. zur Genese und Entwicklung des Varieté-Tanzes: Brygida Ochaim u. Claudia Balk: Varieté-Tänzerinnen um 1900. Vom Sinnenrausch zur Tanzmoderne. Frankfurt am Main 1998.
12 *Der Tanz*, 1. Jg., 1927/1928, H. 3, S. 3.
13 Wolfgang Jansen: Das Varieté. Berlin 1990, S. 124.
14 *Das Programm*, 14. 7. 1935.
15 Christine Schmitt: Artistenkostüme. Zur Entwicklung der Zirkus- und Varietégarderobe im 19. Jahrhundert. Tübingen 1993, S. 162.
16 *Das Programm*, 7. 4. 1929.
17 *Das Programm*, 24. 10. 1926.
18 *Das Programm*, 25. 1. 1914.
19 *Das Programm*, 14. 9. 1924, Text von Leopoldine Auzinger.
20 *Der Tanz*, 1. Jg. 1927/1928, H. 4, S. 28.

Quellen- und Literaturliste

Akten

Amtsgericht Charlottenburg, 91 HRA 39 282 + 36

Brandenburgisches Landeshauptarchiv Pr. Br. Rep. 30 Berlin C Polizeipräsidium Berlin Theater Th 648, Th 649

Bundesarchiv, Mitgliederakte der Reichskulturkammer G 3309

Kunstgewerbemuseum SMPK, 3 Ankaufsbücher William Budzinski, 1935-1938

Stadtarchiv Zürich, Meldekarte Bruno Pruschinski

Stiftung Deutsche Kinemathek, Schriftgut zu Fern Andra

Programmhefte

Admiralspalast, Apollo-Theater, Clou, Europahaus, Metropol-Theater, Scala sowie Wintergarten (Bestände in der Kunstbibliothek Berlin; Wolfram Knudsen, Berlin; Landesarchiv Berlin; Theaterhistorische Sammlung, Freie Universität Berlin, Institut für Theaterwissenschaft; Stiftung Stadtmuseum Berlin; Wolfgang Jansen, Düsseldorf)

Interview mit Frau Beyer-Fischer vom 27. 1. 1997

Ausgewählte Periodika

Adreßbuch internationale Artistik 1940/41

Artist Nr. 1000 (1904), Nr. 1500 (1913)

Berliner Adreßbücher 1900-1943

Bühne und Welt 1898-1906

Deutsche Artistik 1935-1937

Deutsches Bühnenjahrbuch 1915-1933

Internationaler Artisten-Almanach 1906, 1907, 1924, 1925, 1939-49

Künstler Almanach für Cabaret, Varieté und Podium 1938/39

Neuer Theater-Almanach 1895-1914

Organ Nr. 1053 (1929), 1259/60 (1933)

Programm, artistisches Fachblatt 1901-1935 u. Sonderheft Nr. 1500 (1931)

Regisseur 1898-1906

Tanz 1927-1937

Telegraf 1950

Ausgewählte Literatur

Anziehungskräfte – Varieté de la mode. Katalog Münchner Stadtmuseum, München 1986

Berckenhagen, Ekhart u. G. Wagner: Bretter, die die Welt bedeuten. Berlin 1978

Berlin bei Nacht. Berlin o. J. (um 1900)

Bruhn, Wolfgang: Das Modenbild. Bielefeld o. J. (1926)

Bruhn, Wolfgang: Das Frauenkleid in Mode und Malerei vom 18. Jahrhundert bis zur Gegenwart. Berlin o. J. (1926)

Buchner, Eberhard: Berliner Varietés und Tingeltangel. Berlin/Leipzig 1905 (Großstadt-Dokumente Bd. 22)

Cocteau, Jean und Man Ray: Le numéro Barbette. Paris 1980

Dähn, Brunhilde: Berlin Hausvogteiplatz. Göttingen 1968

Epstein, Max: Das Theater als Geschäft. Berlin 1911, Reprint Berlin 1996

Festschrift 50 Jahre Wintergarten, 1888-1938. Berlin 1938

Freund, Walter: Aus der Frühzeit des Berliner Metropoltheaters, in: Kleine Schriften der Gesellschaft für Theatergeschichte, H. 19, 1962

Freydank, Ruth (Hg.): Theater als Geschäft, Berlin und seine Privattheater um die Jahrhundertwende. Berlin 1995

Führer durch die Ausstellung 200 Jahre Kleiderkunst 1700-1900. Berlin 1916

Geller, Rudolf: Neues Artisten-Lexikon, in: Organ Show-Business, 1981 ff

Greisenegger-Georgila, Vana: Theater von der Stange. Wiener Ausstattungskunst in der 2. Hälfte des 19. Jahrhunderts. Wien 1994

Günther, Ernst: Geschichte des Varietés. Berlin 1978

Herder, Sabine u. G. Köhler: Donnerwetter, tausend Frauen! Köln 1997

Hermann, Georg: Um Krinoline und Tournure. Mode und Kleinkunst 1830-1890. Berlin 1930

Höcker, Paul O.: Kulissenzauber, in: Velhagen und Klasings Monatshefte, 20. Jg. 1905/1906, Bd. 2, S. 161-176

Ibscher, Edith: Theaterateliers des deutschen Sprachraums im 19. und 20. Jahrhundert. Diss. Frankfurt/Main 1972

Jacobson, Benno: Das Theater, Album N. Israel. Berlin 1906

Jansen, Wolfgang: Das Varieté. Berlin 1990

Jansen, Wolfgang: Die Glanzrevuen der zwanziger Jahre. Berlin 1987

Köhn-Behrens, Charlotte: Kostümkunst im Wandel eines halben Jahrhunderts, in: Das Theater, 8. Jg., 1927, H. 10

Korff, Gottfried u. R. Rürup (Hg.): Berlin, Berlin. Katalog Martin Gropius Bau, Berlin 1987

Leder, Wolf: Geschmackvolle Ausstattung – eine Voraussetzung guter Artistik, in: Die Artisten, ihre Arbeit und die Kunst. Berlin 1970

Ludwigg, Heinz (Hg.): 40 Jahre Wintergarten. Festschrift zur Wiedereröffnung nach erfolgtem Umbau August 1928. Berlin 1928

Moreck, Curt: Führer durch das "lasterhafte" Berlin. Leipzig o. J. (1931)

Ostwald, Hans: Berliner Tanzlokale. Berlin/Leipzig o. J. (Großstadt-Dokumente Bd. 4)

Rasche, Adelheid: Peter Jessen, der Berliner Verein Moden-Museum und der Verband der deutschen Mode-Industrie 1916 bis 1925, in: Waffen- und Kostümkunde, 37. Jg., 1995, S. 65-92

Satyr (Pseudonym): Lebeweltnächte der Friedrichstadt. Berlin o. J. (um 1906) (Großstadt-Dokumente Bd. 30)

Scheugl, Hans: Showfreaks & Monster. Köln 1974

Schmitt, Christine: Artistenkostüme. Zur Entwicklung der Zirkus- und Varietégarderobe im 19. Jahrhundert. Tübingen 1993

Stern, Ernst: Bühnenbildner bei Max Reinhardt. Berlin 1955

Stümcke, Heinrich: Berliner Theater. Leipzig 1907

Stümcke, Heinrich: Die Deutsche Theaterausstellung Berlin 1910. Berlin 1911 Weimarer Republik, hg. von Kunstamt Kreuzberg und Institut für Theaterwissenschaft der Universität Köln. Berlin/Hamburg 1977

Wolffram, Knud: Tanzdielen und Vergnügungspaläste. Berlin 1992

Namensregister

(Tanzpaare sind unter dem ersten Namen genannt, nicht aufgenommen ist William Budzinski)

Aderhold, Hilde 94
Aida, All' 15
Ambach, Atelier 22
Andra, Fern 28 f, 32, 120
Apollo-Theater (Berlin) 14–16, 82, 120, 124
Aristophanes 14
Astoria (Bremen) 90
Auzinger, Leopoldine 28 f, 128

Baker, Josephine 100
Balla, Giacomo 107
Barbette 120
Barrault, Jean-Louis 108
Baruch, Hugo & Co. 10–14, 16, 22, 29, 48, 124
Becker, Modellhaus Max 29
Becker, Otto & Maass 122
Bennos 22
Berenice 118
Bernardt, Sarah 33
Bitter, Elli und Kati 14, 90, 94
Bolten-Bäckers, Heinz 14
Börner, Frau 66
Bradna, Beate 22
Brendemühl, Rudolf 31 f
Bruhn, Wolfgang 31
Budzinski, Alfred 10
Budzinski, Benno 10
Budzinski, Erna 26 f, 38, 44, 46, 58 f, 65, 120
Budzinski, Melanie 10, 30, 38, 44, 58
Bunzel & Sohn 122

Campbell, Clarisse s. Saharet
Carné, Marcel 108

Charny 22
Clou (Berlin) 85
Clyde, Vander s. Barbette
Cocteau, Jean 120
Corinth, Lovis 48
Cybéle 22

Dähn, Frieda s. Frid-Frid
Debureau, Jean Gaspard 108
Denarber, Jeanette 24
Durieux, Tilla 32
Duse, Eleonore 44

Ehrke, Reinhold 15, 124
Europahaus (Berlin) 94
Evelyne und Eric 22, 85, 107
Eysoldt, Gertrud 32

Falkenberg, Theodor 35, 38–40, 65
Florido, Marianne und Clotilde 15, 82, 124
Fornarina, Consuela 24, 79, 126
Frid-Frid 13, 48, 124
Friedrichstadtpalast (Berlin) 107
Fuller, Loie 79

Gainsborough, Thomas 98
Gallois, Germaine 84
Geistinger, Marie 44, 46, 68
Georgette und Barbette 85
Georgette, Francis 65
Gerlach, Georg 124, 126
Gerson, Hermann 26 f, 29, 45, 72
Gerstel, M. 45
Goethe, Johann Wolfgang von 12
Groß, August 43
Groß, Emma 10, 38

Groß, Julie 43
Guerrero, Rosario 79

Hallmann, Pauline 14 f, 49, 72–74
Hammer, Atelier 29
Hara, Jo 100
Hauptmann, Gerhart 12
Hero 24, 124
Hertzog, Rudolph 45
Herzberg, Leo 15, 124
Hildebrandt, Paul 22, 94
Hinz, Marlice 31
Höcker, Paul 16
Hoffmann, Herrmann 29
Hückel, H. 75
Hyot, L. 33

Ibscher, Edith 11 f, 16

Jansen, Wolfgang 79
Joulette, Stella 90

Kainer, Ludwig 31
Kainz, Josef 44, 75
Kapp, Frau 16, 124
Kauko, Irjela 108
Kieselhausen, Lucy 122
Klich, Elsa 31, 94
Kollo, Walter 31 f, 94
Kruse, Max 48
Kujowski, Walter 122

Leonora, La Belle 24, 49, 57, 79
Lettinger, Edina 58 f
Lincke, Paul 14, 32
Lupo, Nicola 104, 107
Lustnauer 52, 57

Madrid, Juan de 79
Manemann, Otto 124

Manheimer, Valentin 29, 45
Mascagni, Pietro 12
Mérode, Cleo de 79
Metropol-Theater (Berlin) 13, 124
Mia und Gerti 104
Michel 27
Moeser, José 98
Mondrian, Piet 109
Mozart, Wolfgang Amadeus 12
Müller, Carl 124
Munske, Emma 44, 47
Mützel, Hans 35

Naja, Mademoiselle 96
Nina und Laserow 22
Ninson, Nine 96
Noni 109
Nowack, Max 15, 124

Offterdinger, Annie 31
Oscar und Suzette 24, 124, 126
Otéro, La Belle 15, 79, 82

Passage-Theater (Berlin) 16, 124
Piek 22, 29
Plum 33
Pruschinski, Atelier 9, 18–20, 22, 24–26, 29 f, 32, 57–59, 65, 85, 113, 120, 124
Pruschinski, Bruno 15, 18

Quer 82

Rajah 24, 126
Rastus und Banks 22, 126
Reinhardt, Max 32
Réjane, Alice 24, 122
René 22
Residenz-Atelier 126
Revel, Mister 108
Ritter Midgets 113, 118
Romanos, Hertha 113
Romanos, Los 22, 113
Rosario, La Belle 22
Rose und Honey 22, 107
Rostand, Edmond 33

Saharet 15, 24, 79, 82, 124
Sartorius 14
Scala (Berlin) 96
Schaefers Liliput 22, 28, 46, 113, 116, 118
Scheller, Martha 58 f
Schirmacher, Martha 20, 22, 29
Schmitt, Christine 98, 104
Schöneberger, G. 73
Schumann, Ernst 19
Schwertführer, R. 122, 124
Scribe, Eugène 12
Sevéro 22
Shakespeare, William 44
Shelska, Madame 113
Silvia und Raimond 85
Spadoni, Marion 107
Spassowa, Didi 100
Stern, Ernst 16
Stiller 45
Sudermann, Hermann 44

Theaterausstattungs-AG 48
Theaterkunst 22, 29, 48
Tortajada, Consuelo 15, 79, 82

Ungar, Modellhaus S. 52

Verch & Flothow 16, 22, 29–31, 48, 113
Verch, Leopold 29
Verschleisser, Atelier 22
Victoria 126

Wagner, Richard 12
Waldon, Max 22, 104, 120
Weiner, Wanda 108
Western, Marte 28, 96, 104
White 126
Wiesenthal, Grete 122
Wintergarten (Berlin) 16, 79, 82, 84, 90, 94, 118, 120, 124
Worth, Charles Frederick 44, 46, 68, 75
Wunsch, Walter 19

Yo-Hara 100